中伏

西遊記

2025~26

珠海

ZHUHAI

西 DorSi 著

知出版

推薦序一

在資訊爆炸、選擇繁多的時代，「精明消費」不僅是生活態度，更是一種智慧。近年，隨着內地與香港加速融合，出名「識飲識食」的香港人北上探索優質生活體驗已成熱潮，並逐漸由深圳「擴散」至其他城市，其中一個就是珠海。故此，很高興可以為西 DorSi 的新書《西遊記——珠海 2025~26》撰寫推薦序，並且有幸在西 DorSi 準備此書內容時，跟隨他去珠海吃喝玩樂了一次，其中比較深刻的是北山大院，一個地方能同時體驗歷史建築、文青小店及特色餐飲！更多精彩內容盡在此書中，誠意向大家推薦！

我認識了西 DorSi 超過 10 年，我也是他 YouTube 頻道的第一批「粉絲」。對於熟悉他的觀眾而言，相信也會認同他不是普通吃喝玩樂的博主，他除了有發掘好去處的敏銳觸覺，更會以務實的態度進行點評，更會以香港人的視角出發，細緻地從環境、服務、交通便利度等進行分析，亦偶爾會提供一些消費「小貼士」，這些細節正正便利了香港人去規劃行程甚至是「避雷」，可謂省時、省心和省錢！相信這本書將會成為不少朋友遊玩珠海的指南，更好的享受旅程。最後，祝願此書一紙風行！大賣特賣！

李澄幸

認可財務策劃師

財經專欄及理財書籍作家

推薦序二

「為甚麼這本介紹珠海的旅遊書，會由一位香港人來寫，而不是由澳門人執筆呢？」這大概是許多讀者翻開書本第一頁時，心裏冒出的第一個問號。畢竟，澳門與珠海只隔着一條關閘，距離近到每天往返都不嫌多。很多澳門人早上過去珠海飲茶，下午回來繼續上班，甚至對珠海的街巷和隱世小店瞭如指掌，連哪些巷口的粥粉麵最香、哪家燒臘最好吃，都能背得滾瓜爛熟。

那麼，為甚麼不是由澳門人來寫呢？這個問題，當初連我也忍不住向西兄提出過。結果，西兄邀請我一起走進珠海，實地探店，用雙腳丈量這座城市。這幾個月裏，我們幾乎把珠海翻了幾遍：吃遍各種餐廳、試盡不同小吃，還到處發掘鮮為人知的景點。

走着走着，我才發現，從香港人的角度去看珠海，原來可以這麼有趣、這麼跳脱！西兄挑選的餐廳，未必是澳門人口袋裏那些早就排滿的老店，但每一間都有驚喜；他筆下的珠海，充滿着好奇心與發現的樂趣，會讓你每翻一頁，都忍不住想説：「咦？原來這裏還有這樣的地方！」

其中一次最特別的體驗，就是我們從情侶路的起點，一路騎共享單車到終點。這條足足有 28 公里長的濱海大道，曾有位女生跟我説：「如果一對情侶可以從起點牽手走到終點，就可以一起走一輩子。」雖然我當年沒能和她走完，但這一次，卻和西兄一起踩畢全程，沿途經過城市陽台、愛情郵局、唐家古鎮，還有新老香洲、溫泉、古村落，甚至那些藏在小巷裏、稍不留神就會錯過的小店與景點。説實話，這段旅程不只讓我重新認識珠海，更讓我這個自認「珠海熟人」的澳門人，都有種被「重洗三觀」的感覺。

我相信，當你讀完這本書，也會像我一樣，愛上這座親切而鄰近的城市。

LEO@YOLIVING

澳門 YouTuber

著作：《澳門旅遊新情報 2025~26 最新版》

作者序

首先我想跟澳門 Yoliving Leo 兄説聲不好意思。話説 2024 年香港書展過後，我們計劃 2025 年度出版的新書時，擬定我先出版一本介紹珠海的書（即本書），而 Leo 兄則稍後出版增訂版澳門旅遊攻略；由於「橫琴粵澳深度合作區」的特殊地位，將該處的介紹放在珠海或澳門旅遊書內也是十分合適，因此我就提議我們一起到橫琴踩點，再在各自的書中撰寫對橫琴各景點的體驗及評價，並由 Leo 兄於澳門一書中補充一些 2025 年年初橫琴的新變化。但後來我再次因為工作太過繁忙，沒有履行我的承諾，讓他要先完成澳門著作，十分抱歉。

雖然深圳和珠海均是以陸路跟香港連接的城市，但兩地的風貌卻是截然不同。有別於生活壓力頗大，經濟效率為主導的深圳，珠海則是一座充滿休閒輕鬆感的城市。市內大部分地區人口密度十分低，綠化做得相當不錯，更有長長的海岸線及設備完善的海濱長廊，即使位處市區也予人渡假的感覺（拱北口岸附近除外 XD）。每次到珠海遊玩，我都喜歡租一輛共享單車，在這個城市裏漫遊，感受這裏的慢生活節奏。如果你時間充裕，大可以花一整天沿着情侶路踩單車，吹吹海風，逛逛沿途的景點，絕對可以將平日的工作壓力拋諸腦後。

在撰寫此書的過程中，我深深感受到珠海的變化可以用日新月異來形容！在短短幾個月間，珠海又新增了不少景點、商場及餐廳，以致我又不時要再搜集資料；更有舊景點、商場突然發生重大變化，讓我要特意再次到訪，只為拍下一兩張最新面貌的照片。

在新事物湧現的同時，珠海亦有不少舊事物消逝。有些我在 2024 年年底吃過覺得出品很不錯，想在本書中介紹的餐廳，卻敵不過時代巨輪，在 2025 年初結業。印

象最深刻的是位於拱北口岸的鴨嘴魚莊，因都市發展而關門，身邊的老饕朋友無不深感可惜。而由截稿至本書面世，書中亦可能有少量內容已過時，若對各位造成不便，懇請見諒。

珠海又被稱為「百島之城」，景色優美的海島眾多，包括書內介紹交通方便的野狸島、淇澳島等；亦有部分乘船才能到達的海島，當中更有數個已被發展成配套齊全的渡假區。不過由於這些乘船才能前往的島嶼大多靠近香港海域，香港人需要繞一個大圈才能到達，相信對港人來說不算吸引；加上由於篇採時間所限，因此本書未有介紹相關島嶼，特此說明。

西 DorSi

珠海地圖

唐家灣
P.130
新香洲
P.110
P.246
前山
P.56
老香洲
P.78
香洲
吉大
P.36
南灣
P.158
斗門
拱北
P.14
金灣
橫琴
P.180
P.222

目錄

4 推薦序一

5 推薦序二

6 作者序

8 珠海地圖

10 珠海交通

12 西 DorSi 度身訂造的旅遊路線

14 拱北

36 吉大

56 前山

78 老香洲

110 新香洲

130 唐家灣

158 南灣

180 橫琴

222 金灣

246 斗門

香港來往珠海交通

自從「港車北上」政策實施後，不少「有車一族」均會選擇以自駕形式來往珠海。不過由於我並沒有駕照，所以在此就不班門弄斧，向各位介紹如何申請「港車北上」，只向各位介紹一下其餘香港來往珠海的交通方法。

金巴

對於絕大部分人士來説，由香港前往珠海的最簡單方法，就是先前往港珠澳大橋的香港口岸，過完香港關後再轉乘金巴。金巴提供 24 小時服務，5-30 分鐘一班；珠海方上下車點為港珠澳大橋珠海口岸，車程約 40 分鐘。

	正價票價	優惠票價
日間 06:00–23:59	HK$65 / RMB￥58	HK$33 / RMB￥29
夜間 00:00–05:59	HK$70 / RMB￥63	HK$35 / RMB￥32

另外現時香港大部分機場巴士路線均途經港珠澳大橋香港口岸，你亦可以在東涌線欣澳站轉乘 B5 巴士前往。

直通大巴

香港多間直通大巴公司均有開設香港經港珠澳大橋來往珠海的路線，無論在香港或是珠海市內均有多個上下車點，方便不喜歡轉車的人。不過由於一條路線往往會在市內途經多個上下車點，加上港珠澳大橋需上落車過兩次關，增加不少候車時間，以致整體車程往往較長。此外部分直通大巴路線班次較少，亦是需要考慮的問題。部分直通大巴路線可在 AlipayHK 內開啟對應公司的小程式來購票。

高速客輪

上環港澳碼頭及九龍中港城碼頭每日均有 6 至 8 班高速客輪來往珠海九洲港，價格如下：

	豪華位	普通位
香港（上環）<>珠海（九洲港）	成人 $300 小童 $160 * 直航及非直航航班同價	成人 $200 小童 $110 * 直航及非直航航班同價
香港（九龍）<>珠海（九洲港）	**直航航班** 成人 $300 小童 $160 **非直航航班** 成人 $255 小童 $140	**直航航班** 成人 $200 小童 $110 **非直航航班** 成人 $170 小童 $95

* 非直航航班為中港城碼頭來往九洲港，途徑港澳碼頭的航班。

珠海高速客輪可在 AlipayHK 內開啟噴射飛航小程式來購票。

高鐵

雖然現時香港並無直達珠海的高鐵列車，而且需在廣州南站轉車，非常繞路，價格亦比其他方法高出不少；不過倘若打算在大時大節前往珠海，怕暈船浪又不想面對港珠澳大橋的塞車之苦，高鐵或許是最舒服的方法。此外在非假日期間乘坐高鐵前往珠海北站、唐家灣站或明珠站，總車程甚至可能比乘坐金巴途徑港珠澳大橋更快一點。

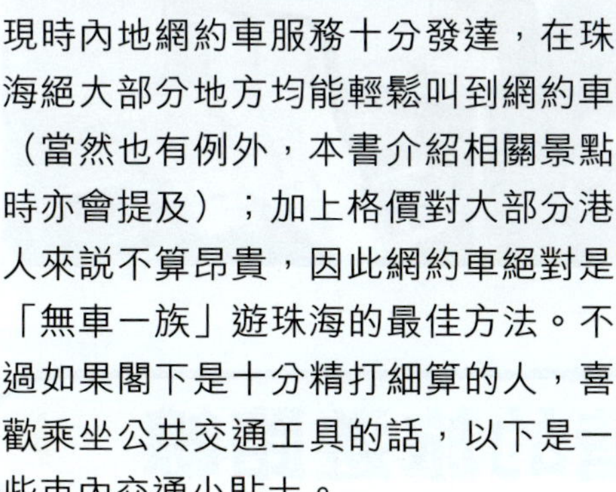

市內交通

現時內地網約車服務十分發達，在珠海絕大部分地方均能輕鬆叫到網約車（當然也有例外，本書介紹相關景點時亦會提及）；加上格價對大部分港人來說不算昂貴，因此網約車絕對是「無車一族」遊珠海的最佳方法。不過如果閣下是十分精打細算的人，喜歡乘坐公共交通工具的話，以下是一些市內交通小貼士。

巴士

市內絕大部分巴士路線車費只需￥1，包括由香洲區來往金灣及斗門區的跨區路線。加上由於珠海人口密度較低，非繁忙時間乘客數量往往十分稀少，部分巴士站甚至不用上落客，因此實際車程不會比叫網約車長太多。打算「窮遊」珠海的話，乘坐巴士是一個不錯的出行選項。

如欲查找珠海巴士路綫，可以使用各大內地地圖 App 的「路線」-「公共交通」功能。你更可在地圖 App 內查看巴士到站資訊。

共享單車

由於人口密度低，市內不少道路均設有寬闊易踩的單車徑；特別是情侶路更有超長海邊單車徑，因此踩單車也是我十分推薦的出行方式。市內有美團、哈囉及青桔 3 個品牌的共享單車供大家租用。

不過要注意市內並非所有區域均為共享單車營運區域，例如金灣大部分地區及斗門區皆沒有任何共享單車品牌營運。如欲在這些區域踩單車，就要自行準備了。

城際鐵路

雖然珠海並沒有地鐵，卻有兩條類似地鐵的城際鐵路——廣珠城際鐵路及珠機城際鐵路。兩條路線均以拱北口岸旁的珠海站作總站，市內沿途車站如下：

廣珠城際鐵路（北行）：珠海 — 前山 — 明珠 — 唐家灣 — 珠海北
珠機城際鐵路（南行）：珠海 — 灣仔 — 十字門 — 橫琴 — 珠海長隆 — 三灶東 — 珠海機場

其中廣珠城際鐵路到達珠海北站後繼續向北行，途徑中山及順德後可達廣州南站，亦即上文介紹乘坐高鐵前往珠海在廣州南站換乘的線路。

而珠機城際鐵路則設「車票當日一次有效」的「地鐵化」營運措施，在 12306 上購買任何一班列車的車票並進站後，可乘坐任何一個車次，不對號入座。不過由於該路線本質上仍是城際鐵路，不但班次遠較正常地鐵少，安檢亦較地鐵繁複，加上列車開出前 4 分鐘會停止檢票，故需要提早不少時間到車站候車。此外城際鐵路的定價亦相對較貴，例如由珠海站前往珠海機場站需要 ￥26。以上種種因素導致乘坐此路線所需時間與巴士相若，價格卻高出不少，導致該路線客流量長期偏低。

不過各車站之中，三灶東站是內地少見位處海邊的車站；來往珠海長隆站的路段更有一大段跨海路軌，甚有海上列車的感覺，是頗受歡迎的打卡位。

西 Dorsi 度身訂造的旅遊路線

情侶路單車兩日遊

day 1

上午	愛情郵局及愛情守護塔（p.38）
午餐	強記湛江雞飯店（p.50）
下午	正方優和匯・城市陽台——七日可見咖啡（p.42）
	景山公園索道及滑道（p.48）
晚餐	盤谷（p.55）

day 2

上午	海韻城日月貝新天地（p.80）
	麻雀與不叔咖啡館（p.89）
午餐	太陽與海（p.91）
下午	珠海規劃展覽館（p.85）
	Station 法式精釀小酒館（p.86）
晚餐	老饕小館（p.83）

親子樂園三日遊

day 1

午餐　羅記家常菜（p.178）
下午　創新方橫琴國家地理探險家中心（p.204）
　　　獅門娛樂天地
晚餐　蘭姐農莊（p.205）

day 2

上午　長隆卡卡劇場（p.216）
午餐　樂園內用膳 / 星樂度 · 橫琴碼頭驛站亮渡 Light House 海景餐廳（p.218）
下午　長隆飛船樂園（p.208）
晚餐　樂園內用膳 / 橫琴賽艇公園 CHR · 沐（p.206）

day 3

上午　珠海太空中心（p.229）
午餐　金灣華發商都用膳
下午　湯臣倍健透明工廠（p.244）
晚餐　阿九食店（p.177）

文青兩日遊

day 1

午餐　北山大院
　　　米丹 PHO MI · 越南河粉（p.164）
下午　北山大院
　　　北山茶菓店（p.171）
　　　山喃 WHISPER GELATO & COFFEE（p.170）
　　　喆文創商店（p.169）
晚餐　北山大院
　　　山房隱味 · 台式古早牛肉麵（p.168）
　　　YDM 醫帝廟涼茶（p.166）

day 2

上午　圓明新園閱潮（p.59）
午餐　2coffee（p.70）
下午　樂士文化區（p.63）
　　　古元美術館（p.98）
　　　除二棲地藝文空間 · CHILL OUT HABITAT（p.118）
晚餐　創想公社 · 火花 SPARK 乜野撈麵 · 炭爐雞煲（p.115）

美食、郊野兩天遊

day 1

午餐　客園魚頭粉 / 普寧馬柵撈麵 / 崖口煲仔飯（p.32）
下午　圓明新園——景山道（p.61）
晚餐　佳食粥檔 / 斜坡燒雞店（p.74）

day 2

早餐　財記快餐店
上午　那洲綠道（p.148）
　　　老屋咖啡那洲店（p.150）
午餐　會同村 同心泥焗雞
下午　唐家古鎮
　　　唐家茶果店（p.139）
　　　共樂園（p.140）
晚餐　唐家古鎮 和記菜館（p.142）

拱北

拱北可說是珠海的門戶。除了坐擁全國客流量最大的陸路口岸拱北口岸，亦有珠海客流量最大的城軌站珠海站，更有通道可直達港珠澳大橋人工島，是不少前往珠海的旅客必經之路。由於流動人口十分大，令拱北成為不少餐廳及娛樂場所的駐紮地，也是全國著名夜市夏灣夜市的所在地，夜生活多姿多彩。

雖然拱北一直以來給人的印象是比較龍蛇混雜的地方，但近年這裏有不少變化，例如夏灣夜市攤販的加強管理、多座小型商場的落成或大翻新等等，提升了旅客抵達珠海的第一印象。

拱北景點列表

1. 口岸天地 B 區
2. 新蘇豪・NEW SOHO
3. 中安・T PARK
4. 中央匯 Super Box
5. 富華里
6. 夏灣夜市
7. 林鵬粥坊（都市花園店）
8. 三叔煮意
9. 盛香煲仔
10. 客園魚頭粉
11. 一碗魚粉
12. 普寧馬柵撈麵

2024 年 8 月 OPEN

口岸天地 B 區

址 港珠澳大橋珠海口岸港東一路 128 號交通連廊

相信大部分港人及澳車北上人士均會經港珠澳大橋珠海口岸入境珠海，而剛好位處口岸旁的「口岸天地 B 區」於 2024 年 8 月開幕，因此我就先來介紹這個對不少讀者來説是珠海門戶的商場吧！

商場面積不算大，餐飲約有三十多間，當中絕大部分是快餐店，適合趕時間過關的人士在此醫肚。

若以公共交通工具前往珠海，過關後往右邊走約 3 分鐘即可到口岸天地 B 區。商場共有兩層樓高，下層與入境層連接，上層則連通離境層。

不過由於鄰近口岸，絕大部分餐廳的價格會比市區分店貴約兩至三成。例如我在一家啫啫煲餐廳點了一個沙薑雞中翼煲，6 隻雞翼要 ￥59。

由於整個商場是建在港珠澳大橋的人工島上，因此這裏有不少地方都可以看到海景，甚至整條港珠澳大橋。

在商場北門旁名叫「觀橋」的小型藝術中心，長期與香港的夏國璋龍獅團合作，舉辦有關舞師的文化展。

其中一個比較受歡迎的位置就在上層通往離境大堂大門旁的浪漫之環。站在圓環的正中央，可以很清楚看到港珠澳大橋的起點。

雖然稱為文化展，其實裏面甚少展出相關資料，不過就有賣很多和舞獅相關的有趣文創精品。

在蜜雪冰城旁邊有一幅超巨型落地玻璃，並設有多張桌椅，可一邊喝着蜜雪冰城飲料，一邊觀賞海景。由於蜜雪冰城的價格非常便宜，所以可以用超划算的費用，享受至Chill的體驗了XD。

這裏還有一間超大的 miniso。如果過關前想買些日用品，可以順道購買。

雖然叫做口岸天地「B 區」，但其實該商場的 A 區至今仍未正式開幕。而由於 B 區仍有不少空置商舖，加上即使是假日這裏的人流也稀少，恐怕 A 區開幕的日子仍是遙遙無期。

拱北新商場

近年拱北有不少小型商場新落成或進行大翻新。由於商場之間的競爭十分激烈，各商場都各出奇謀，希望能脱穎而出，不過並非所有商場都如願以償。以下是一些抱有宏大想法，但暫時人流不多的商場的簡單介紹。

這是一座設有巨型天幕的街區式商場，因此商場的公用地方是沒有冷氣的。提起「新蘇豪」這個名字，相信不少人會聯想起香港的蘇豪區。其實商場的定位也是港式風格時尚街區，在商場後方有一條戶外步行街「SOHO 外街」，最初是打算發展成為類似蘇豪的高檔美食街。

2023 年 12 月 OPEN

新蘇豪 · NEW SOHO

址 港一路 118 號

步行街上擺放了不少很有香港特色的裝飾品，例如行人過路處、交通標誌、巴士站牌等，甚至有一輛「紅的」—— 不過卻是左軚的高仿版本 XD。

不過至本書截稿時，街上唯一一家高檔酒吧也已告結業，只剩下一間卡拉 OK 及一些較廉價的宵夜餐廳，並沒有香港蘇豪區的感覺。

商場為了救亡，於 2025 年年初開始改變定位，希望發展成為一座動漫城，並且引入專門售賣動漫周邊的商店（內地稱為「谷子店」）。不過至此書截稿時，商場暫時只有兩間谷子店進駐，距離成為動漫城的日子尚有一段距離。

或許是由於商場被工廠及低密度住宅區包圍，附近人流稀少；加上這裏離人氣更旺的富華里及寰宇城只有 10-15 分鐘路程，新蘇豪的確難以在兩大商場之間的夾縫中生存，商舖的出租率並不高。整個商場最具人氣的餐廳就是位於大門旁邊的全國連鎖網紅麻辣火鍋餐廳「朱光玉火鍋」，但它的人氣也大不如前。

2024 年 12 月 RENOVATE

中安・T Park

址 港昌路 258 號

於新蘇豪旁邊的中安廣場，本身就是比較老舊、人流十分稀少的小商場。新蘇豪落成不久，商場就進行了全面翻新，希望能吸引新蘇豪的客流。

翻新工程於 2024 年年底完工，並將商場重新命名為中安・T PARK，不過翻新後出租率反而更低，商戶集中在 1 樓室內，亦是現時商場的最大賣點。

1 樓室內幾乎全層用作開放式原創服飾零售區域，匯聚了近百名設計師、80 多個品牌的作品。雖然絕大部分品牌對港人來說比較陌生，但以原創服飾來說，大部分的定價不算離地，例如上衣大多只需￥300 至 ￥500。

離拱北口岸約 15 分鐘路程的中央匯 SUPER BOX，是此書截稿前珠海最新開的商場。商場共 5 層高，面積不算大，暫時已開業的商戶以娛樂體驗及餐飲為主。

現階段商場最具人氣的商戶是來自中山的老牌餐廳——威尼斯西餐廳。由於編採時間所限，未能一嚐新分店的出品，只能簡單介紹一下我早前在其中山總店的體驗。

2025 年 5 月 OPEN

中央匯 Super Box

址 粵華路 255 號

商場為吸引年輕人光顧，設計充滿活力感。最特別是中庭位置設有橫跨兩層樓的大台階，顧客可在此稍作休息，相信未來會是甚佳的表演場地。

雖說是西餐廳，但其實更像高級版的茶餐廳。首先這裏的牛扒大多有預先醃製，就是香港平民扒房賣的豉油西餐。味道跟香港的水準差不多，價格上也沒有太大優勢。

而且這裏除了「鋸扒」，也可以吃到世界各地的菜式，甚至連乳鴿、煲仔飯等中菜也有供應！其中乳鴿更是招牌菜之一，而中山總店的出品在中山來說也算是高質素。

富華里

址 九洲大道西與白石路交匯處

有 10 年歷史的富華里經過多年發展，我認為已成為**珠海最高檔商場之一**。整個商場以全開放式街區設計，設有多個獨棟建築。

部分商戶亦會設置雕塑供人打卡。例如在 miniso 門外，就有一隻近 3 米高的巨型「勞蘇」。

部分建築外觀為仿西式古典風格，有種置身迪士尼樂園美國小鎮大街的錯覺。

商場近年引入不少人氣網紅餐飲店，例如我在前作《深圳旅遊新情報》介紹過的廣西茶飲店阿嬷手作，以及主打野生菌火鍋的蘑界等。

由於是開放式街區設計，大部分商戶不受商場營業時間所限，因此吸引了不少酒吧進駐，是珠海其中一條人氣較旺的酒吧街。

2024 年 5 月 OPEN

EGG BOMB

址 9 棟
時 08:00~21:30
費 ¥40 / 人

EGG BOMB 是來自上海，主打「蛋明治」的快餐店，富華里店是本書截稿時廣東省唯一分店。

牛肉粒味道香而真實，口感嫩滑，像是用上高級的牛肉而不是廉價醃製貨色。炒蛋又厚又滑溜，麵包外表烘得香脆，內裏超級鬆軟，空氣感十足，不過相對地飽腹感較低，吃完整個套餐我覺得只有六至七成飽。

厚牛松露炸彈套餐（¥57）

「蛋明治」就是夾着厚炒滑蛋的三文治，其中最招牌的厚牛松露炸彈，以內地物價來説並不便宜，但用料對得起價格。

走高檔路線，來自廣州、連續三年入選米芝蓮指南的湖南菜（湘菜）餐廳。環境十分優雅，但價格十分親民。

或許是由於源自廣州，出品貼近廣東人口味，是適合港澳旅客的湘菜品牌。例如下單時我們點了微辣，結果大部分菜品真的只有一點點辣。

2023 年 1 月 OPEN

沅江水

址 11 棟

時 週一至五 11:00~14:30、17:00~21:30，週六日 11:00~21:30

費 ¥83 / 人

小炒雪花牛肉（¥79）

近年市面上湧現多家主打以鮮切黃牛肉來炒製的小炒黃牛肉專門店，但沅江水的牛肉新鮮程度比較一般。

不過最特別之處是底下墊了不少筍絲，與爆炒過的黃牛肉很合襯，值得加分。

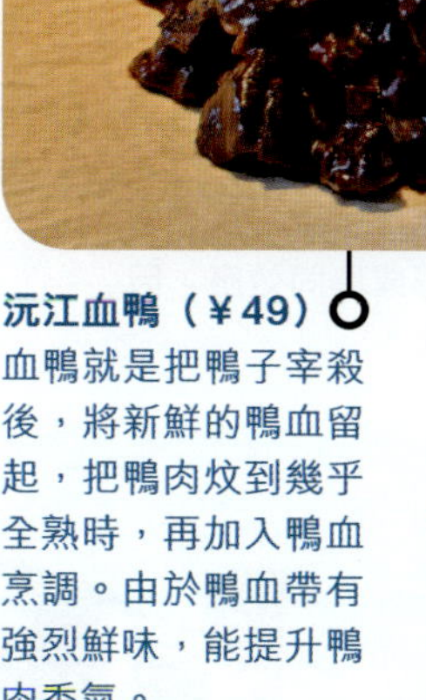

沅江血鴨（¥49）

血鴨就是把鴨子宰殺後，將新鮮的鴨血留起，把鴨肉炆到幾乎全熟時，再加入鴨血烹調。由於鴨血帶有強烈鮮味，能提升鴨肉香氣。

以往我在湖南地區也有吃過這道菜，由於湖南人以嗜辣聞名全國，所以那裏的血鴨對大部分香港人來説是辣到難以入口。而沅江水的微辣版本血鴨，就能讓不太能吃辣的人也能一嚐血鴨的鮮美。

乾鍋土豬肥腸（¥89）
肥腸口感完美，十分彈牙。清洗得很乾淨，沒有異味之餘，也超級入味。

雖然這道菜明顯比其他菜式辣得多，但醬汁帶點甜味，能稍微減少火辣的不適感，水準不錯。

桂花米漿（¥13）
口感像漿糊，比較黏口，不是每個人都能接受，但這種口感能讓桂花及米香在口腔內停留更長時間。

附近商場及餐廳介紹

玖洲道

址 九洲大道西 2108 號

玖洲道與富華里幾乎只有一街之隔，兩者步行距離約只有 5 分鐘。有別於富華里走高檔路線，玖洲道相對貼地，兩者形成協同效應，因此人流都十分暢旺。

由於商場採用開放式街區設計，所以吸引不少咖啡茶飲店、酒吧及宵夜餐廳進駐，是珠海其中一個夜經濟比較繁華的地方。

2024 年 7 月 OPEN

詠春咖啡

址 白合街 10-12 號
時 10:00~19:00

儘管叫做「詠春咖啡」，但除了門口的木人樁，「詠春」或「功夫」等相關元素並不明顯。

咖啡店面積不大，但仍花不少心思在裝修上，走民國復古風，在此打卡頗有穿越感。

詠春拿鐵（￥38）

這裏也有不少很適合打卡的咖啡，例如內地近年流行，表面以朱古力粉「印」上中文字的拿鐵。不過這裏使用普通的咖啡杯，杯口直徑不大，「印」出來的效果沒那麼清晰，而且整體味道偏苦。

夏灣夜市

址 夏灣路 210 號
時 21:30~05:30

夏灣夜市距離拱北口岸不到 10 分鐘車程，吸引不少澳門人於工餘時間過來吃宵夜。而自疫情後，夏灣夜市因多次受內地傳媒報道，加上經常有明星到訪，令這裏的人氣越來越旺。

夜市主要分為固定及流動攤檔兩部分。其中流動攤檔每晚 9:30 後才設置，並會擺放大量桌椅供食客坐着享用美食。想更能感受街頭煙火氣可以晚一點再過來。

西Dor小貼Si

旁邊的百貨大樓早前順勢重新裝修成為名叫「春風里」的室內美食城，不過暫時出租率不高，主要是向街舖位進駐了一些較知名的連鎖茶飲店。

附近餐廳介紹

燊記食店

址 夏灣路 3 號
時 07:00~23:00

就在夏灣夜市馬路對面的燊記食店，是在珠海名氣十分大，但環境一般的老字號潮汕小吃店。

海鮮腸粉（¥20~¥30）
提起潮汕小吃，相信不少人會想起皺皮腸粉，而這也是燊記最拿手的菜品。想吃的話，記得不要在 14:30 至 16:30 過來，因為那段時間腸粉會暫停供應。

海鮮腸粉裏有蠔仔、蝦及豬肉碎。對比坊間常見的蠔仔，這裏的又大又肥美，也很鮮甜。蝦雖然比較小，但明顯是用上新鮮貨色。

腸粉很薄而且十分滑溜，質素很高。芡汁味道較淡，不過神來之筆是那些炸葱油，令腸粉充滿葱油香氣。

豬雜益母草湯（¥15~¥20）
即使點小份 ¥15 的，分量也十分驚人！有新鮮豬膶、豬肺、豬心、粉腸和豬肉，甚至有潮式肉餅、豬肉丸和豬皮，都是中上水準。

炸粿肉（¥30）
炸粿肉是潮汕特色小吃，用腐皮包裹着肥豬肉及馬蹄粒油炸而成。肥豬肉經油炸後已做到入口即溶。雖然感覺上很邪惡，但由於馬蹄比例較高，能大大降低油膩感。配搭潮汕的金桔油，更添幾分清新，水準很高，難怪是相對沒那麼便宜的菜品。

烤生蠔（¥49 / 半打）
反而這裏的生蠔 CP 值非常高。有兩種大小可供選擇，雖然當天來貨沒有大的，但小的其實一點也不小，好幾隻比手指還要長。重點是很鮮甜肥美，而且價格比坊間的便宜不少，真的很划算。

三叔煮意

址 港三路 244 號
時 11:30~14:00
費 ¥103 / 人

菜品普遍性價比高，深受本地人喜愛，據説所在舖位是由舊廠房改建而成。招牌菜品是蟹黃藕餅，不過只在秋夏季才有製作。由於到訪當天剛好錯過了季節，故未能為大家拍攝，但也有其他推薦菜式。

燜鵝（¥90）
燜煮過的鵝肉口感結實之餘又十分嫩滑，加上選用大量香料炮製，鵝肉超級入味，特別是陳皮、八角及南乳香氣尤其突出，還帶點甘甜味道，説是令人回味無窮的菜品也不為過。

煎釀三寶（¥48）
除了有茄子及尖椒，最特別是有釀豆角。雖然比較油膩，卻令鯪魚肉香氣更加突出，加上口感彈牙，水準很高。

2023 年 5 月 RENOVATE

盛香煲仔

址 拱北街道拱北粵華路 74 號

時 10:30~22:30

費 ¥42 / 人

這是我曾在珠海 Call 車時，司機向我推介的一家煲仔飯餐廳，已有 30 多年歷史。本身是一家破舊小店，2023 年重新裝修，整體帶點古樸味道，環境甚至勝過不少開在商場內的連鎖快餐店。

三拼煲仔飯（¥36）
當天我選了牛腩排骨拼臘腸。排骨新鮮，肉香味很重，臘腸油香及酒香味也很濃郁，唯獨牛腩稍柴。

飯焦分量不少，口感硬脆，整體水準中等偏上。不過我還是更喜歡後文介紹的崖口煲仔飯。

羅漢果茶（¥10）
這裏附設茶檔，售賣各式茶飲，當中羅漢果茶是比較多人推介的一款。不但價格便宜，而且加入了不少羅漢果肉及其他草藥，味道超重，CP 值很高。

生熟地燉豬骨湯（¥20）
翻新後的盛香，亦有售賣顏值十分高的功夫燉湯。湯品以功夫茶壺盛載，配以一隻功夫茶杯，方便顧客自行倒出來飲用。當天點的生熟地燉豬骨湯，很足料，味道濃郁。

客園魚頭粉

址 港昌路 449 號百合花園左側
時 05:30~21:30
費 ¥30 / 人

在港昌路上短短不足 5 分鐘的路程內，你可以吃到客家及湖南兩種不同風味的魚湯粉。其中老字號客園魚頭粉，主打的就是**客家風味魚頭粉**。

魚頭魚雜豬雜雙拼粉（¥30~¥50）
客園的魚頭粉配料多樣化，共超過 20 款，亦可大致分為魚雜及豬雜兩大類。可以自由搭配，亦可把不想要的配料剔除，甚或只要其中一大類。當然可以貪心一點，全部配料都來一點。亦可選擇不要魚頭，改要黃骨魚，但鮮味較淡。

魚頭粉的靈魂絕對是熬成奶白色的濃湯，口感極度濃厚，無比鮮甜，單吃粉條已經能感受到超重的魚湯味道。

在門口的開放式廚房裏，可以看到師傅如何製作魚頭粉。

這裏的配料沒有定價，以致我光顧了好幾次，印象中每次的收價和分量都不大相同。不過其出品的確出色，我還是覺得值得介紹。

配料方面，無論是魚雜或豬雜都很新鮮，水準極高，這裏就不花篇幅逐一介紹。只想特別講講這裏的魚春，也有先行煎香，不但能提升香氣，更增添脆脆的口感。

2024 年 3 月 OPEN

一碗魚粉

址 港昌路 262 號舖
時 08:00~21:00
費 ¥25 / 人

2024 年開業，主打**湖南口味魚湯粉**。由於在網絡上人氣十分高，開業不久就搬到附近更大的舖位。湖南式魚湯粉的製作相對簡單，就是直接用魚湯來煮魚粉。不過由於湖南人嗜辣，**湯底會加入辣椒**。

黃骨魚粉加煎蛋（¥28）
我點的是微辣，辣椒只有寥寥數粒，辣度只屬 BB 辣，相信大部分人能接受。由於沒有加入魚頭熬煮，魚湯鮮味會較客園的淡一點；不過特別在於有加入時令瓜菜（當日是冬瓜），瓜菜的微甜有助提升鮮味。

這裏選用較細小的黃骨魚，鮮味重，加上經過油炸，更能吸收湯的味道，因此覺得比客園的好吃。另外建議加隻煎蛋，吸滿魚湯變得非常鮮美！

魚雜粉（¥28）
雖然這裏沒有豬雜，只有魚雜，而且款式相對較少，分量也少一點，但是感覺上食材更新鮮。到訪當天更見到員工在宰魚呢！

普寧馬柵撈麵

址 香洲區港三路 266-20 號
時 08:00~20:30
費 ¥36 / 人

這裏賣的主要是甚具潮汕特色的撈麵配湯。其中湯品可以只選豬雜、海鮮或牛肉，甚至可以學我一樣點每樣都有的旗艦版。

老闆的女兒應該是一名游泳健將，因為店內貼有數張小女孩參加游泳比賽的照片。而老闆自己則肯定是 NBA 球迷，店內牆壁都掛滿 NBA 球星的海報及球衣！

旗艦版撈麵配湯
（海鮮加牛肉 ¥50 起）
旗艦版湯品的配料真的超級豐盛，包括蠔仔、鮑魚、蝦、白貝、魷魚、肉丸、潮汕肉餅，其實只吃這碗湯對大部分人來説已經足夠飽了。

更重要的是所有食材都很新鮮及高質。例如所用的蠔仔是超巨型版本，也十分肥美。

就連牛肉也用料上乘，肉嫩味濃，絕對不亞於潮汕牛肉專門店的貨色。

相對於超出色的湯品，撈麵就顯得很一般。雖然加了不少豬肉碎，但是醬汁不夠香。而麵條的口感較像油麵，比較軟身。

如此高質素的食材，煮出來的湯當然是極．度．鮮．甜！只需喝一口，就已經有非常滿足的感覺。

吉大

據說清代時，吉大有一條名為「吉嶺」的小村落。村裏有一位漁民，夜間出海時經常提着一盞寫有「大吉」二字的紅色燈籠，其他漁民因而稱他為「吉大人」。由於他在村內聲望高，村民就將整條漁村稱為「吉大人村」，及後簡化為「吉大村」，最終演變為今時今日的「吉大」。

吉大亦是除拱北以外另一個可以由香港直達的區域，香港上環港澳碼頭及九龍中港城碼頭每日有多班船來往區域內的九洲港。

近年隨着情侶路一帶的多個景點，包括愛情郵局、愛情守護塔、城市陽台、城市客廳、景山索道及滑道的相繼落成，吉大已成為全珠海最浪漫的區域！加上自從菱角咀隧道通車後，讓情侶路的單車徑得以貫通，旅客可以與另一半沿着海邊踩單車，一口氣遊覽以上各個愛情主題景點，好不浪漫～

MAP

望海亭
珠海望海樓酒店
觀景台
5
3
情侶中路
海門魚仔店
海之灣商場
九洲城
珠海新騏景萬豪酒店
2
1
珠海德龍M海景酒店
濠軒閣肥蠔特色火鍋店
珠海免稅商場
君怡大排檔
8
珠海粵海假日酒店
珠海君悅來酒店
珠海醫院
4
6
怡景灣大酒店
ARTOFFEE
9
樂樂鯊叻沙
珠海棕樂酒店
7
沪粵軒
珠海陽光醫院
珠海九洲機場
城市中心酒店
雲海酒店
珠海海事局

吉大景點列表

1. 愛情郵局及愛情守護塔
2. 正方優和匯 · 城市客廳
3. 正方優和匯 · 城市陽台
4. 中醫藥一條街東街
5. 景山公園
6. 強記湛江雞飯店
7. 根記
8. 雪園上海飯店
9. 夫妻拉腸
10. 盤谷餐廳

愛情郵局及愛情守護塔

址 情侶中路 88 號

位於吉大情侶路旁的海濱浴場，是香洲區內少有可供游泳的海灘。由於位於珠海市區，交通非常方便，每逢節假日都吸引不少泳客來嬉水及暢泳。

為了方便遊人觀賞海濱浴場及周邊風景，珠海於 2017 年在浴場北邊興建了愛情郵局及愛情守護塔（海濱浴場燈塔），景色怡人，成為旅客必到的打卡熱點。

其中愛情郵局共兩層高，最初的確是開設了一間以愛情為主題的郵局，提供不少與愛情相關的郵政服務。

不過或許這個概念已經有點過時，所以現時建築物內郵政服務只剩下一個配色獨特的郵筒，以及售賣與珠海相關的明信片及文創紀念精品等。

其餘部分現時進駐了兩家特色商戶。其中一家是 Sanrio 精品店，售賣旗下角色的周邊。由於這裏的價格比香港的貴，款式也沒有香港的齊全，這裏就不作深入介紹。

另一家是來自韓國的連鎖麵包店「多樂之日」。該品牌在北京及上海等地有較多分店，唯廣東省現時只有兩間門店，皆設在珠海。除愛情郵局店，亦有一家位於後文介紹的城市陽台內。

多樂之日

時 週一至五 10:00~21:00、週六 10:00~22:00

奶油號角（￥28/3 個）
多樂之日最招牌的產品，以酥皮捲成圓筒形，中間填滿忌簾，香港已甚少麵包店仍有製作這種忌簾筒。

這裏除了賣麵包，也有售賣簡單的咖啡及茶飲。另外由於位處 2 樓，並設有大量落地大玻璃窗及桌椅，讓顧客可以坐在這裏很寫意地一邊吃麵包、一邊看着這個美麗的燈塔及海灘景色。

酥皮超級酥脆；吉士忌簾蛋香味很重，口感亦夠輕盈，就算吃光整個也完全不覺得膩。

戶外設有觀景露台，即使對這裏的出品不感興趣，也可以免費上來這裏對着燈塔打卡。

西Dor小貼Si

愛情守護塔所在的防波堤又被稱為愛情半島，長期會舉辦美食市集。

2023 年 1 月 OPEN

正方優和匯・城市客廳

址 情侶中路 639 號

主要負責珠海城市建設與運營的國企——珠海正方集團，過去數年不斷有新商場在情侶路沿線落成。各項目名字十分雷同，前綴均為「正方優和匯」，而後綴分別為後文介紹的「城市陽台」和「海天」，以及這個「城市客廳」。

商場的最大特色是採用退台式設計，**每層均有一個非常巨型的露台**，供餐廳擺放戶外座位，讓食客一邊用餐，一邊觀賞對出的海濱浴場、燈塔乃至海中央的港珠澳大橋景色。不過或許是因為自從菱角咀隧道通車後，從城市客廳前往更大更旺、餐飲數量更多的城市陽台，只需不到 4 分鐘車程。大多遊客會選擇前往該商場用餐，以致城市客廳長期門可羅雀。至本書截稿時，大部分餐廳已結業，只剩下寥寥數家較具特色的。

西 Dor 小貼 Si

自從菱角咀隧道通車後，從城市客廳通往城市陽台的一段情侶路車流量大減。為了讓遊客可以更舒適地沿着情侶路踩單車，該路段其中兩條行車線已改劃為單車徑。

前往城市陽台途中，會經過珠海地標之一的珠海漁女雕像，可順道打卡。

ONLYONE 海島花園

址 4-5/F
時 11:00~00:00
費 ¥100 / 人

其中最具特色的是主打烤肉的 Onlyone 海島花園。其實嚴格來説這家餐廳並非位處商場內，而是在商場的「後山」——虎山的山林之中。

餐廳將山林間的環境佈置成花園一樣，四周懸掛着不少燈飾，夜幕低垂時，讓顧客有一種置身於夢幻國度般用餐的感覺，好不浪漫！

可惜的是一直找不到陪我一起到這裏浪漫的人 XD。幸好這裏也是一家酒吧，並且在商場的露台位置擺放了數張桌椅，讓我獨自摸着酒杯底，吹着海風，享受這個迷人的海景。

2024 年 10 月 RENOVATE

正方優和匯・城市陽台

址 情侶中路 73 號

2021 年才開幕的城市陽台，自 2024 年 10 月南區開幕後，連同本來的東區及北區，已成為情侶路沿線最大型的商場。

與城市客廳一樣，商場也是採用退台式設計。而由於各區並非在同一個水平面上興建，令東區天台形成一個非常大、與行人路相連的觀景台，是整座商場我最喜愛的一個設計。不過亦因為各區高低錯落，令商場猶如迷宮般，第一次到訪可能會很難找到想去的商戶。給初次到訪的人一個小貼士，東區 1/F 有地下通道通往另外兩區，也是來往各區最方便的方法。

東區 2/F 設有天橋通往對出的香爐灣沙灘。

東區

七日可見咖啡 • bar

址 3/F
時 10:00~00:00

七日可見其實是隱藏在東區 3/F 天台角落的日咖夜酒咖啡店，如果不仔細看，很容易會忽略了它的存在。

不過這裏的景觀與眾不同，不但有沙灘景，坐在戶外座位，更可以遠眺位於野狸島上的日月貝。

椰林樹影（¥38）
你甚至可以點這杯椰林樹影，上面的卡片畫了日月貝及椰樹，很適合拿着它對着日月貝打卡。

椰林樹影其實是一杯「鴛鴦」，除了有冷萃咖啡，還混合了茉莉花茶，令咖啡增添一股花香。上面的奶蓋據説是椰子味，但椰子味不算香濃。

北區

2023 年 3 月 OPEN

豬肉婆私房菜

址 B1/F
時 09:00~14:00、17:30~21:00
費 ￥166 / 人

來自順德的豬肉婆私房菜，可以說是順德經營手法最成功的餐廳之一。近年該餐廳開始進軍其他城市及地區開設分店，而珠海店是其第一家並非位處佛山的門店。

由於餐廳定位較為高端，因此價格並不便宜，甚至貼近香港水平。如果預算有限，但又想試試這間順德著名食府的出品，我建議可以選擇午飯時間來用餐。雖然該時段主要供應茶市，沒法品嚐到部分晚上才有的小菜，不過亦有些小菜可以點小份的，用餐人數少的話會划算一點。

餐廳的最大特色是花了不少心思在裝修上，有一半區域裝修得很古色古香，甚至搭建了小橋流水，蠻符合年長人士的口味。

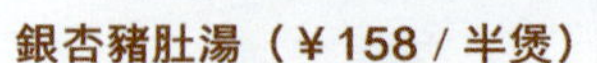

銀杏豬肚湯（￥158 / 半煲）

例如最多人推介的銀杏豬肚湯，午市時間可以點半煲。盛起來的湯渣很大一盤，可見十分足料。湯水熬成奶白色，味道很有層次，一開始會感覺到很大一股白果味，然後豬肚和豬骨鮮味才慢慢滲出來，最後還有少許胡椒味。加上濃厚的質感，我覺得比日式豬骨湯更濃一點，喝起來有種很滋補的感覺。

六㸆燒鵝
（¥108 / 份）
配的不是酸梅醬，而是燒鵝的醬汁。鵝本身很夠肥，鵝肉香味也很濃。外皮燒得挺脆，但稍微比順德總店的軟。

肉質普遍不夠滑嫩，加上價格以珠海物價來說偏貴，所以只算是合格。

砵仔薑蓉蒸飯
（¥10.8 / 位）
晚市鹽油飯的縮小版本，在蒸好的米飯上加些據説是用豬油煮成的薑蓉。薑蓉香味很濃，不過豬油香味不夠，再加多一點會更好吃，當然有些人可能會覺得這樣比較健康。

南區

2024 年 10 月 OPEN

後廚 • 珠海味道

址 2/F
時 11:00~21:00
費 ¥80 / 人

老娘叉燒
（¥59）
後廚最主推的菜品，據説採用先煎後焗的方式製作，與傳統叉燒做法截然不同。不過由於味道及口感皆比較獨特，未必每個人都能夠接受，因此評價比較兩極化。

後廚是珠海一家有十多年歷史、聲稱不用預製菜、主打順德菜的餐廳。現時在珠海有四家門店，大多開設在商場內，包括山姆所在的印象城。而城市陽台店則是其最新分店。

和內地大部分叉燒一樣，這裏也是選用五花肉製作。下單時可以選擇肥瘦程度，而我選擇了瘦一點的，肥瘦比例大概是 1:2。吃之前可先擠點青柑桔汁。

肥肉呈啫喱口感，入口即溶，肥而不膩；但瘦肉不算出色。由於煎焗做法燶邊位較少，導致叉燒沒有香脆的口感及焦香味。另外叉燒切得細碎，吃起來不夠過癮。

來自中山的小紅記，於本書截稿時有 3 間門店，其中城市陽台店是其於珠海的第一間分店。雖然以商場店的出品來説水準比較出眾，但可能是宣傳不足，我每次經過都發現生意較為淡靜。

小紅記・海南雞飯

址 B1/F
時 11:00~21:30
費 ¥49 / 人

小紅記海南雞飯（¥49 下庄帶骨）
雖然並非選用新鮮走地雞，但雞肉香味不淡，肉質結實，嫩滑多汁，雞皮彈牙，整體口感近乎完美。

配搭的雞油飯軟硬適中，雞油香氣滿溢，卻不覺得油膩，水準很不錯。重點是雖然是開設在景點旁的商場，但價格十分親民，性價比非常高。

新加坡白胡椒肉骨茶（¥48 / 碗）
這裏的肉骨茶同樣水準不錯。湯底胡椒味很濃，排骨燉得夠爛。比較可惜的是並非全部選用一字排，肉香也淡一些。

2024 年 8 月 OPEN

中醫藥一條街東街

址 通信大廈渣打銀行旁邊

為推廣中醫藥文化傳承，珠海於 2024 年規劃了東西兩條中醫藥一條街。其中東街是將珠海醫院旁邊一條名為「相思樹下 · 白沙河時光街區」的步行街改造而成。

步行街本身是一條沒有商舖的小巷子，現有的商舖均是以貨櫃箱來改建，原計劃入駐多間與中醫藥相關的商戶。由於經過步行街的人流並不多，所以除節假日時舉辦的期間限定活動外，平日人煙稀少，所以暫時只有數家商戶進駐，當中包括珠海大型連鎖涼茶店品牌「古春堂」。

尚煮 · 草本茶飲

時 10:30~22:00

尚煮是來自中山的草本茶飲店，不少產品選用坊間茶飲店少用的藥材。雖然未知製作成茶飲是否仍有滋補功效，但無可否認這裏的菜單充滿新鮮感，很適合勇於嘗試的人來嚐新。

鮮榨石斛汁（¥20）

選用新鮮石斛來榨汁。由於即叫即榨，下單後需等約 5 分鐘才能取餐，到手時石斛仍保有榨汁機高速轉動時產生的一絲暖意。味道以草青味為主，帶有一點點甘甜，以中藥來說算是容易入口。

既然這裏叫「東街」，那麼「西街」在哪裏呢？這裏先賣個關子，留待後文前山篇再介紹。

景山公園

時 週一 09:00~18:30、週二至日 09:00~20:00
費 索道上山 + 滑車下山票 ¥80 / 單人，尚有其他類型門票

城市陽台緊靠着海拔只有 148 米的景山。這座山雖然不高，但竟然早在 1997 年便建有由山腳通往山頂的纜車。而山腳的纜車站正是位於前文介紹的豬肉婆後方。

西Dor小貼Si

山上的景山步道，最遠可通往位於前山的圓明新園，詳情留待後文再作介紹。

2023 年 10 月 OPEN

景山索道

早期的纜車採用雙人吊椅式設計，對畏高人士不太友好。為了吸引更多遊客乘坐，纜車於 2023 年升級為現時更為常見的全密封吊箱式設計。

纜車全長只有約 1 公里，不用三分鐘就來到山頂，應該是我暫時坐過最快到達終點的纜車 XD。

山頂纜車站旁是觀景平台，可以俯瞰日月貝、野狸島一帶的景色。

雖然每個車廂理論上可供 8 人同時乘坐，但裏面有個座位擺放了一隻名叫「特會飛」、據說靈感源自遠古神話小鳥的大公仔。

如果是獨自出遊，又或者和伴侶登山，沒有人替你們拿手機拍照，這裏有一個自拍架，把手機放在上面就可以輕鬆自拍啦！（感謝澳門 Yoliving Leo 兄擔任 Model）

景山滑道

整個景山山頂沒有甚麼可以逛，就只有幾個不同角度的觀景平台給大家打卡，以及有一間咖啡店。而下山的方法除了走路或坐回程纜車，更多人會選擇坐滑道滑下去。

每架滑車可以坐兩人，由於兩個座位之間非常貼近，所以兩位乘客會有超親密的肌膚接觸，建議情侶一同乘坐才不會那麼尷尬 XD。

由於景山不高，滑下來全程只需約 2 分鐘。整體坡度跟小朋友過山車差不多，沒想像中快，偶爾會有一下下跌感覺，但幅度很小，就連我這種畏高的人都可以接受。加上全程可以欣賞到香爐灣沙灘的景色，會感到自己像隻小鳥，正在飛往大海。

吉大餐廳介紹

湛江雞白切雞（¥58 / 例牌）
雞很肥美，雞皮爽脆，肉質結實，似乎選用了走地雞。由於煮到剛剛熟，骨頭全是帶血的。就連雞胸都不會很難咬開。

強記湛江雞飯店

址 園林路 3 號智選假日酒店首層商鋪
時 11:00~14:30、17:00~01:00
費 ¥79 / 人

據説有 27 年歷史，在珠海有 4 家門店的強記湛江雞飯店，其位於吉大的總店於 2022 年重新裝修。新裝修一洗以往大牌檔的形象，變得像一家酒樓，但格價仍然親民。到訪當天鄰桌有人在吸煙，本來只打算問這裏的阿姨可不可以調位，誰知阿姨走過去制止違例吸煙的顧客。話説珠海餐廳很少會嚴格執行控煙條例，阿姨的舉動令我對這家餐廳的好感度大增。

最重要是雞味真的很濃，而且帶有很濃烈的花生香味，應該是加了很多花生油，很不錯。

沙薑豬脷（¥43）
切得比較薄的豬脷，爆炒之後變得彈牙又有點爽脆；而且加入海量沙薑，每片都吸滿沙薑香氣。只是整碟菜式比較油膩。

撈河粉（¥18）
分量驚人，上菜時阿姨再三叮囑要撈得徹底才夠味道。河粉很滑，米香味很重；芝麻香氣超濃，久久不散，猜測除了芝麻加得夠多，應該也加了不少麻油。

雞全翅（¥10）

掌中寶（雞爪中間脆骨）**（¥6 / 串）**

烤牛舌（¥22 / 串）
所謂的廣東式燒烤，並非選用內地燒烤店常用的孜然及辣椒粉作調味，而是香港人 BBQ 常用的蜜糖，因此這種燒烤我覺得更貼合香港人口味。

根記

址　景園路 9 號金嘉創客匯 C 棟 104
時　週一至六 17:30~01:00
費　¥80 / 人

2001 年開業的根記，雖然裝修處處流露着日式風情，甚至用上日式餐碟上菜，卻是一家不折不扣的**廣東式燒烤店**。

根記所有串燒均是即叫即燒，所以上菜時間會比較慢，到訪當天大約等了 20 多分鐘才全部上齊。另外這裏聲稱盡量選用新鮮食材，亦不會添加味精、雞粉等調味料，讓食客能品嚐到食材本身的味道。不過也不用擔心串燒會不夠惹味，當天我點了 5 款，幾乎每款的調味都完全不同。

招牌茄子 XO 醬（¥23 / 條）
茄子除了蒜蓉外，更加入不少 XO 醬，令茄子多了一股海鮮鮮味，也更為惹味。

湛江蠔（蒜蓉 ¥12 / 隻）
這裏另外一大特色是所有串燒都可以只點一串，就算人數少也可以多試幾款。就連生蠔這種坊間餐廳通常至少要點半打的，這裏也是 2 隻起叫。雖然價格比其他餐廳貴，但選用名氣較大的湛江蠔，更鮮甜及肥美。

用餐後會送上一份水果作解膩之用，當天的西瓜又甜又起沙，為這頓飯畫上完美句號。

雪園上海飯店

址 吉大街道吉大景園路 16 號華慶大廈 1-2 層
時 11:00~14:00、17:00~21:00
費 ¥71 / 人

始創於 1996 年，價格親民的雪園，是一間主打上海菜的餐廳，現時在珠海有 3 家門店，其中吉大店是第一家店。

菜心獅子頭（¥30）
獅子頭像拳頭那麼大，筷子輕輕一夾就立即散。雖然滑溜程度和我之前在江南地區吃過的還是有點分別，但已經是我在珠三角地區吃過同等價位之中做得比較好的。

上海糖醋小排（¥59）
口感和外面的有很明顯分別，有點像豬肉乾，肉質很結實，但是比豬肉乾軟嫩一點，也較容易咬開。另外整體肉香味會較坊間的糖醋小排重一些。

豬肉香味很濃，肥瘦比例適中，重點是兩顆才賣 ¥30，CP 值很高。

清炒鱔糊（¥85）
坊間的醬油鱔糊通常是小小一碟，這裏卻是超級大的。但始終一分錢一分貨，我偶爾咬到一兩塊肉質有點偏軟了，感覺不是最新鮮。

小煎牛肉（¥48）

老實說我去過上海很多次、吃過很多上海菜，還是第一次吃到小煎牛肉這道菜。其實就是一些切得很薄很大塊的牛肉，裹着麵包糠再炸，吃之前還可以蘸點甜酸醬汁。

雖然牛肉切得薄，不太感覺到它的質感；不過多咬幾口之後，會有一陣輕微的牛肉香氣慢慢飄出來，不錯。

我很喜歡這道菜，因為吃法有點像錦鹵雲吞，又有點像東北菜的鍋包肉，但是口感比鍋包肉好很多，因為表面的麵包糠很輕盈、很酥脆，吃完也不會覺得上火。

夫妻拉腸

址　景山路 166 號

時　06:00~14:00

費　¥15 / 人

夫妻拉腸是一家網上評價較好的腸粉店，據說最初的確是由一對夫妻經營。不過或許是生意愈做愈好，到訪當天見到有其他員工幫忙。

腸粉不算十分滑溜，也比內地常見的腸粉要厚，帶有一點點煙韌的感覺，雖然未必符合每個人的口味，但我覺得還是很不錯的。

豬肝蛋肉腸（¥13）

雖然價格那麼便宜，但豬膶的分量一點也不少，更重要的是口感近乎完美！超級嫩滑，也沒有任何異味，只有淡淡的花雕香氣，非常好吃。

豆漿（¥2.5）

比起腸粉，我更喜歡這裏的豆漿。餐廳聲稱是即磨的，豆香味超、超、超濃郁，口感十分濃厚。另外豆漿呈淺啡色，帶有一股焦香味，猜測是用上烘焙過的黃豆製作，很特別。

盤谷餐廳

址 吉大街道吉蓮路 19 號蓮座 19 座 2 層
時 11:00~14:00、17:00~22:00
費 ￥87 / 人

已有超過 11 年歷史，主打創意菜，可說是珠海首批「網紅餐廳」。其特色是通常選用廉價食材，以**粗菜精做**的手法烹調，因此有不少評價認為這裏的價格略為虛高。不過憑着不錯的出品，至今在珠海仍然屹立不倒。

雙味芥蘭（￥48）
作為一名食肉獸，我很少會介紹素菜。但這道雙味芥蘭令我留下非常深刻印象。

先將芥蘭分成葉和梗，然後將菜葉油炸，再與菜梗以啫啫煲的方式烹煮。炸過的菜葉非常酥脆，加上鹹鮮微辣的調味，猶如在吃辣味紫菜，十分過癮。配搭鮮嫩清甜的菜梗，令本身平平無奇的啫芥蘭，同時擁有兩種截然不同的口感。所以雖然這道蔬菜賣￥48，我也覺得是合理的定價。

溫拌皮蛋（￥22）
上菜時的確帶點微溫，對腸胃不好的人比較友好。味道是微微辣，帶有一點甜味，是很美味的開胃菜。不過皮蛋不是糖心，不夠滿足。

荔枝木烤雞（￥58 / 半隻）
從半隻只需 ￥58 大家都能猜得到並非選用新鮮走地雞製作，不過雞皮超級香脆，雞肉肉汁豐盈，十分滑嫩；雞肉沒有雪藏味道，更帶有煙燻香氣，令對吃雞要求非常高的我也欲罷不能。

前山

如果你想在拱北口岸附近找一個旺中帶靜的地方，前山是不錯的選擇。這裏以工業為主，是珠海著名的建材市場基地，前山港更曾是珠海重要的建材進口港和粵港澳物流樞紐。雖然時移世易，前山港已經停運，但建材市場猶在，吸引不少港澳人士過來選購。

另外珠海第一所高等院校暨南大學珠海校區亦是位於這個區域，加上坐擁珠海首個綜合式文創產業園樂士文化區及近年圓明新園的改革，亦令前山增添了幾分文藝氣息。

MAP

前山景點列表

1. 圓明新園
2. 樂士文化區
3. 環宇城
4. 融德廣場
5. 得食菜館
6. 佳食粥檔
7. 崖口煲仔飯
8. Refreshment 咖啡新鮮館

2024 年 8 月 RENOVATE

圓明新園

址 珠海市香洲區蘭埔路與白石路交界處

正大光明殿被規劃為中醫藥文化館，龍椅旁放滿中藥標本，有點格格不入。

前文介紹過中醫藥一條街 · 東街，讀者可能會好奇，西街到底在哪裏呢？其實就在珠海一個比較老舊的景點——圓明新園內。

記得小時候去圓明新園是需要收費的，但或許是由於這個景點太老舊，對旅客的吸引力越來越低，所以 2013 年起便免費開放，並於 2021 進行改造工程，最終在 2024 年發展為「中醫藥一條街 · 西街」，並引入多間與中醫藥相關的商戶。

園內有個頗大的人工湖及不少仿古建築，最近吸引多間茶飲咖啡店進駐，以景觀吸引顧客光顧打卡。

當然也有漢服出租店，價格較其他旅遊城市熱門景區貴大約 2~3 成。

閱·潮 readzone

時 09:00~19:00

閱·潮是本地著名書店，現時在珠海共有 5 家門店。

我最喜愛右側的 Bar 枱座位，剛好正對着「方壺勝境」的藍色瓦頂樓閣，打卡效果一流。

圓明新園店位於園內中軸線上、人工湖北岸的「方壺勝境」建築內。由於受建築面積所限，此店藏書量偏少，以經營咖啡茶飲及售賣文創精品業務為主。

書店對出湖畔設有不少戶外座位，可欣賞湖光山色。

養生茶（¥38/ 壺）

為配合圓明新園的中醫藥主題，這裏除了有賣其他分店都有的咖啡茶飲，亦有該店限定的養生草本茶，適合像我這種下午喝含咖啡因飲料會睡不着的人。（我喝到一半才發現忘記拍照，正常分量會多一倍左右）

北京同仁堂

時 週一至五 09:00~17:00、週六日 09:00~19:00

這家北京同仁堂除了跟一般分店一樣有售賣藥品，最特別之處是有售賣含草本成分的飲品。

人參給人的印象比較昂貴（其實人工養殖的人參可以很便宜），這裏以貼地氣價錢主打各種人參系列飲品。

人參拿鐵（¥18）
雖名為「拿鐵」，其實並無咖啡成分，只有人參及牛奶。人參及牛奶味道不淡，亦有輕微回甘，還算不錯。

西Dor 小貼Si

在圓明新園的西南角，還有仿圓明園的西洋建築可供打卡。

西邊還有另行收費的水上樂園，不過設施比較殘舊，吸引力不大，這裏就不作介紹了。

附近景點

景山道

在圓明新園東北角有一條舊式索道，可通往圓明新園的後山——板樟山。雖然整段纜車並不長，而且有點老舊，但票價達 ¥50 / 位。

乘纜車時，記得轉個頭來，從高空角度欣賞圓明新園的風光。

山上的纜車站連通至 2021 年落成的步道——景山道。步道多為依山而建、坡度平緩的懸空木板道，即使體力不佳亦適合「挑戰」。

沿途可俯瞰前山及拱北一帶景色。

不過如果有足夠體力，我會建議你走十多分鐘，來到連心驛站，再沿上山小徑爬約 20 分鐘，到達板樟山的山頂。這裏有一座電視訊號發射塔，對出的平台剛好與拱北的中軸線——迎賓路及拱北口岸——呈直線，是飽覽珠海城市景觀的最佳位置！

天氣好的話，甚至可以遠眺大半個澳門。

即使是獨自登山，這裏也設有自拍架，可為自己留下倩影。

甚至是整條港珠澳大橋，更可隱約看到香港赤鱲角機場飛機升降，以至東涌一帶樓景呢！

而在發射塔後方，則可以俯瞰後文介紹的新老香洲。

讀者可能會好奇，為何這條步道叫做景山道？如果由板樟山觀景台繼續向東走，最終可步行至前文介紹吉大的景山山頂。假如不敢乘坐圓明新園那條舊式纜車，也可以乘坐景山的纜車，再步到板樟山觀景台。整段步道全程約 6.5 公里。

2025 年 4 月 RENOVATE

樂士文化區

址 珠海市香洲區岱山路 70 號

2016 年開幕，由舊工業園區活化而成的樂士文化區，是珠海首個綜合式文創產業園區，向來是珠海很受文青歡迎的打卡熱點。

可惜這裏在過去數年都沒有很大變化，逐漸欠缺新鮮感。園區於是於 2025 年 4 月一次過引入三間甚具特色的大型商戶，為園區帶來煥然一新的感覺。

跟其他文創園區一樣，這裏匯聚了不少特色咖啡店及輕食餐廳。

園區內有多個巨型雕塑及壁畫，例如「漂浮」在半空的咖啡杯、純白色仿陶瓷貓咪、「珠海」字樣等，很容易就能拍出很「呃 Like」的照片。

這裏也有不少玩樂設施，例如這條超過兩層高的水磨石滑梯。雖然又高又長，不過坡度適中，加上水磨石摩擦力較高，所以滑下來的速度我覺得剛剛好，不會太過刺激，任何人士都適合遊玩。

聲音圖書館

時 週二至日 13:00~20:00

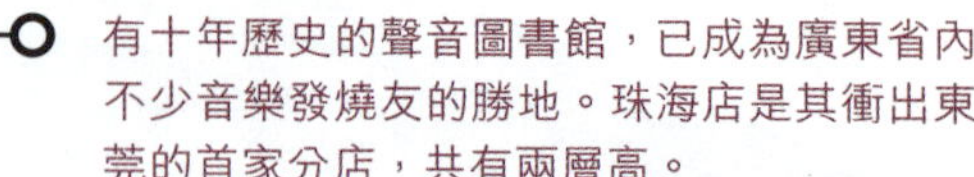

有十年歷史的聲音圖書館，已成為廣東省內不少音樂發燒友的勝地。珠海店是其衝出東莞的首家分店，共有兩層高。

所謂的「圖書館」，其實是售賣各種與聲音或音樂相關產品的專門店，例如全新及二手黑膠、CD，甚至是卡式錄音帶。

各式音響，小至最新款的便攜藍牙喇叭，大至各種復古黑膠唱碟機均備。

正版音乐人(乐队)手办

亦有售賣音樂人或樂隊的周邊及手辦。

百家姓 手摇音乐盒 69元/个

文創精品也與音樂相關，例如百家姓系列的手搖音樂盒。

雨棍、拇指琴、果殼鈴、海浪鼓等等樂器的音色可讓人平復心情。

最特別的產品是「自然白聲機」，即是收錄了白噪音（如鳥鳴、雨聲、風聲、海浪聲等）的聲效播放機。據店家介紹機內的音源是於內地一些自然生態環境保育得比較好的地方實地錄製，讓聆聽的人有瞬間置身大自然之感。

店內設有走廊，專門擺放這些白聲機，讓顧客可以有更純粹的試聽體驗。

這裏亦設有好幾個獨立小空間，可以靜下心來，一邊看看窗外風景，一邊試聽各種音樂。

甚至設有一個杜比全景聲 7.1.4 聲道體驗室，不過要待舉行試聽會時才會開放。

FAn 福安客廳

時 10:00~01:30
消 ¥26 / 人

福安客廳是一家非常特別的餐飲店。話說內地近年很流行「日咖夜酒」或「早 C 晚 A」的概念，即白天是咖啡店，入夜會變成酒吧。

晚上的福安客廳是一家酒吧，在每星期的特定日子會有 Jazz and Blues 的演出。

白天的時候，在酒吧吧枱會製作各式咖啡及西式輕食。

福安除了是日咖夜酒的餐飲店，還有兩個功能：一，這裏會不定期舉辦文化活動，如藝術展覽、讀書分享會等，所以才命名為「客廳」。二，在中午時段，這裏竟然是售賣廉價「n 餸飯」的飯堂！

牛肉菌菇熱狗（¥26）

分量很驚人，而且充滿碳烤風味。雖然牛肉有點醃過頭，但麵包很鬆軟，菌菇香味也很濃郁，還算不錯。

相信大家對在珠海吃「n 餸飯」的興趣應該不大，所以我就沒有試試這裏的出品。不過我發現其他顧客拿了 2-3 份餸菜，到自助收銀機自動識別後，價格只需 ¥20 多，真的好便宜！

這裏本質上是家咖啡店，店內種植了不少綠色植物，也採用了大幅的玻璃窗增強採光度，以營造休閒寫意的環境，所以這是我見過內地這麼多「n 餸飯」飯堂之中，環境最好的一家。

第三家店名為「得意雜貨店」，就位於聲音圖書館旁邊，甚至兩家店有部分位置是打通了的。

顧名思義就是售賣很「得意」，甚至帶幾分搞笑的文創精品。由於店舖面積大，款式多，喜歡精品類的文青應該可以在這裏逛很久。

西Dor小貼Si

離樂士文化區大約 5 分鐘路程，2016 年開業的誠豐廣場，曾是前山首個大型全室內商場。不過由於經營不善，現時商場店舖空置率約有一半。

不過由於面積十分大，仍然有些較為獨特的大型商戶，例如在天台就有個戶外馬術場。

5/F 則設有頗大的室內卡丁車場。

環宇城

址 珠海市香洲區前河北路 88 號

位於前山河畔的環宇城，雖然 2021 年開幕時遇上疫情，但由於是拱北口岸附近少有的全室內商場，加上開發商中海地產在珠海設有另一高檔商場富華里，實力雄厚，因此已發展成香洲區重點商場之一。

環宇城其中一大特色是 2/F 設有天橋無縫連接至城軌前山站，亦是珠海少有與鐵路系統接駁的大型商場。不過由於每日停靠前山站的城軌班次並不多，因此並沒有為商場帶來太大客流。

商場 3/F 設有大平台，可以俯瞰前山河一帶景觀。由於面朝西方，黃昏時分更有機會看到漂亮的鹹蛋黃落日。平台旁的商戶以餐飲為主，部分更設有戶外座位，可以一邊用餐，一邊觀賞日落景色。

2024 年 9 月 OPEN

Yee3 三號椰

址 B1/F

時 10:00~22:00

近年內地十分流行椰子水飲品，來自上海的 Yee3 是其中一家快速崛起的品牌，至今在全國多個城市均有門店。

開心果椰子糖（¥23）

當中最受歡迎的是開心果椰子糖，顧名思義就是用上開心果奶蓋。建議先揭開蓋來喝，單獨品嚐開心果及牛奶味均非常濃郁的奶蓋，甚至帶點焦香味，令人回味無窮。椰青水比坊間的清甜，跟開心果奶蓋很搭，的確挺好喝。

Yee3 最招牌就是椰子糖系列，即是在椰青水上加入各式口味奶蓋，形成很適合打卡的分層效果。

不過開心果奶蓋分量並不多，如果將奶蓋與椰青水混合，會令開心果味道沖淡，故不太建議這樣喝。當然你可以在下單時加 ¥4 選擇「加倍奶蓋」，這樣將奶蓋拌勻後，仍能喝到開心果的香氣。

於北京起家的塔撻，主打多款創新口味蛋撻，更有部分是中西合壁，例如鹹蛋黃肉鬆撻、川辣香腸可頌撻等。

焦糖元寶撻（¥11）
北京總店最多人推介的口味，反而是傳統的焦糖元寶撻。撻皮挺酥脆，不過牛油香氣略淡；蛋漿蛋香味濃，奶味不太明顯，整體我認為有 70 分。

2024 年 11 月 OPEN

塔撻 TART

址 B1/F

時 10:00~22:00

開心果芝士酥撻（¥15）
珠海總店更受歡迎的口味，開心果和芝士味均重，不過撻皮並非「元寶撻」，口感比較硬脆而非酥脆。

之所以叫「元寶撻」，是因為蛋撻呈元寶形狀——底部並非平的，而是圓的。圓底可讓師傅壓製撻皮時受力更均勻，減少撻皮被壓死的機會，令出品水準更穩定。

這家咖啡店並非位於環宇城內，而是位於一街之隔，更貼近前山河畔的前山港內。由環宇城走過去，大約只需 2 分鐘。

上世紀的前山港是珠海重要建材進口港和粵港澳物流樞紐；但隨着城市發展，港口早已廢棄，舊有的碼頭建築吸引餐飲進駐，其中包括這家 2 COFFEE。

2 coffee

址 前河北路 96 號前山港內

時 10:00~20:00

雖然 2 COFFEE 是一家河畔咖啡店，也有不少戶外座位，但由於前山港現時亦是一個露天停車場，河畔不少位置被劃為泊車位，包括 2 COFFEE 對出空位。當車輛停泊此處，確實有點破壞景觀。話雖如此，這裏仍是前山周邊一個旺中帶靜、視野開闊的地方，在這裏休閒地度過下午也是不錯的選擇。

室內其實也有很舒適的座位。我最喜愛的是靠近後門位置，這裏搭建了玻璃天幕，對出是小花園。在天氣好的日子，陽光透射進來，感覺很寫意。

是日冷萃（¥38）

這裏主打各式冰滴和 Cold Brew，每天供應的咖啡豆或有不同，不過通常都有最招牌的「花魁 8.0」。

花魁 8.0 有很濃烈的花香及果香味，雖然偏苦澀，因為帶一點甜味，所以就算不喜歡咖啡的我也覺得很易入口。各種味道混合起來，竟然有幾分像蜜桃烏龍茶，非常神奇！

藤椒蝦天使意麵（¥48）

相對於咖啡，我更愛這道藤椒蝦天使意麵！雖然只有 4 隻大蝦，但十分鮮甜爽口彈牙，明顯是用上新鮮貨色。更出色的是藤椒醬汁，不但很重藤椒香氣，舌頭充滿麻痺感，鮮味也非常濃郁，很像龍蝦汁。配搭口感柔滑的天使麵，充分吸滿醬汁，很滿足。

2024 年 5 月 OPEN

融德廣場

址 珠海市香州區永德街 8 號

2024 年年中開業的融德廣場，樓高 7 層，是珠海層數最多的商場之一，不過部分樓層面積較為細小，所以總體面積反而不及其他商場。雖然發展商名不經傳，但周邊為人口稠密地段，卻缺乏具實力的大型商場，因此這裏仍然吸引具特色的商戶進駐。

最特別是廣東省首設 Cinity LED 影廳的戲院——中影 Cinity LED 影城。雖然該戲院開幕不足半年內，深圳先後有兩間同樣設有 Cinity LED 影廳的戲院開業，不過地理位置對港人來說不算方便，所以這家戲院依然有一定吸引力。

Cinity LED 影廳是用上現時甚少影廳會採用的 LED 螢幕。LED 的特性是可以令熒幕上的黑色做到完全沒有光源，是真正的全黑，能令畫面對比度更高。用以觀賞太空主題電影，特別是太空的鏡頭會更有臨場感。

Cinity 是內地研發的電影制式，影片規格為 4K 120Hz。因此即使是普通的 Cinity 影廳，只要播放支援這個制式的電影，已經比其他影廳更高清及流暢。

前山餐廳介紹

得食菜館

址 珠海市香州區新碼路 107-109 號
時 11:00~14:00、17:00~22:00
消 ￥75 / 人

得食菜館是珠海名氣十分大的連鎖順德菜餐廳，現時在珠海有 7 家門店，甚至在深圳也有 2 家分店。不過據《澳門旅遊新情報》作者 Leo@Yoliving 兄多次實測，他覺得前山這家二分店是眾多分店中出品較好的一家。

招牌筲箕魚（￥138）
得食最主打的是筲箕大頭魚，將魚分為三個部分，並分別用上三種調味方法，放在一個非常大的筲箕上蒸熟。中間的魚肉用來清蒸，口感十分嫩滑。特別之處是加了青花椒，帶有麻香味。

魚骨則選用豉汁蒸的方法，更帶有陳皮香味。不過略嫌豆豉加得不夠多，香氣不夠濃郁。

魚頭主要用剁椒來調味，又添加了不少彩椒，不但賣相更繽紛，也減少了辣度，比較適合廣東人口味。

墊在底下的陳村粉口感很滑，帶點彈牙，雖然沒有我在陳村吃到的那麼爽口，但是米香味很濃郁，也算不錯。當然更重要的是吸滿剛才的花椒油、豉汁和剁椒的味道，真的很好吃。

由於生意太好，早前佳食把隔一個舖位的兩層高商舖用以擴張，將座位數量翻了一倍以上。

佳食粥檔

址 珠海市香州區逸仙路 146 號
時 18:00~02:00
消 ¥48 / 人

超過 30 年歷史的佳食粥檔，用料貨真價實，早已成為珠海最具人氣的宵夜大牌檔之一。

乾瑤柱雞絲粥（¥30）
佳食最主打的是各式砂鍋粥，當中以乾瑤柱雞絲粥較受網民歡迎。由於砂鍋有良好的保溫效果，因此上菜後整鍋粥仍有一段時間保持沸騰，大家一定要耐心等待，待放涼一點才吃，不然會很容易燙傷。

雖然用的並非名貴大顆乾瑤柱，而是超小顆的，不過分量超級多，甚至和雞絲達到 1:1，因此單喝粥底也能喝到極重鮮味！另外佳食的砂鍋粥並非採用潮汕那種米粒分明的做法，而是結合廣東粥的做法把米粒煮得稀爛，口感綿滑。

油條（¥5）
由於佳食客人流轉速度快，不少油器才炸起不久就已經奉客，所以油炸鬼的口感保持外酥內綿，非常好吃。

煎芋頭糕（¥12）
我是一個不太喜歡吃芋頭糕的人，因為以往吃到的多是選用廉價芋頭，口感較差；但佳食的芋頭糕卻令我對它完全改觀。
這裏選用優質芋頭，不但口感粉糯，而且芋頭香味超重！加上很濃郁的蝦乾香氣，以及煎得香脆的外皮，真令我愛上吃芋頭糕。

韮菜煎餃（¥10 / 半份）
¥10 有 6 隻，而且餡料飽滿，CP 值極高。

崖口煲仔飯

址 珠海市香州區蘭埔路 264 號
時 10:00~14:30、17:00~21:00
消 ￥31 / 人

話説中山崖口村有一家名氣很大的煲仔飯餐廳，名為「崖口煲仔飯」。雖然我無法求證珠海這一家跟中山的有沒有關係，但這裏的煲仔飯出品的確是我暫時在珠海吃過水準最高的。不過這家餐廳也有兩個小缺點：一是室內座位較少，夏天用餐會比較辛苦；二是門店位置不顯眼，雖然地圖上這家店看似與佳食粥檔緊貼在一起，其實中間隔了幾個舖位，要細心找找。

蒜香牛勁脊窩蛋煲仔飯（￥38）

老實説 ￥38 在珠海吃這個餸菜分量不多的煲仔飯，真的並不便宜，但一分錢一分貨，這裏的牛肉質素比較高。牛勁脊估計是牛頸脊的筆誤，是牛隻活動最多的部位，牛味特別濃郁而且口感彈牙。

由於用上新鮮牛肉，店家並沒有用過多調味醃製，只是簡單用蒜蓉來提升牛肉香氣，很純粹。

不過我最欣賞的是它的飯焦，色澤金黃，口感酥脆，飯香味濃，用勺子輕輕一刮就能把一大片刮下來，説是最完美的飯焦也不足為過！

另外不要忘記免費任喝的老火例湯，當天的是生熟地龍骨湯。雖然是免費，卻十分足料，入口甘甜，鮮味十足。

2023 年 8 月 OPEN

Refreshment 咖啡新鮮館

址 珠海市香州區美晟一街 10 號
時 09:00~20:30
消 ¥66 / 人

前山是內地著名華僑學府暨南大學珠海校區的所在地，校園周邊近年吸引不少迎合年青人口味、甚具特色的網紅餐飲店進駐。Refreshment 的出品比較精緻，幾乎所有菜品均很適合打卡，而且味道還算不錯。

餐廳共兩層高，樓上一層有個小露台，可以俯瞰街外景色。

裝修帶點鄉村風格，店內亦滿佈手繪漫畫風裝飾，營造溫馨感。

青花瓷提拉米蘇（¥36）
無論味道或口感都不算特別出眾，但用陶瓷茶盅來盛載，又很有中西合璧的趣味，亦令這個廉價版 Tiramisu 多添幾分優雅。

大蝦新鮮程度一般，但蝦湯很鮮美濃郁，味道誘人。米飯混合了藜麥和燕麥米，也有其他配菜，誠意十足。

招牌蝦湯泡飯（¥48）
上菜時蝦湯用茶壺盛載，讓食客自行倒進飯裏，很有儀式感。

蘋果接骨木蘇打（¥26）
浸泡着整個小蘋果的梳打，雖然沒甚麼蘋果香氣，但很適合打卡。另外有頗重的接骨木花香，挺好喝的。

招牌九製陳皮雞翅（¥29）
很重陳皮味，也很香甜。由於是單骨雞翼，口感嫩滑，是我最欣賞的一道菜。

老香洲

老香洲是百多年前珠海開埠時的核心商業區，當時清政府甚至計劃將這裏發展成為「免稅港」，奈何好景不常，一場大火將這裏的發展付諸一炬。不過這裏始終是珠海最早開發的地方，因而保有了不少民國時期的舊建築。在懷舊街景之中漫遊，不難找到別具特色的 Café 、咖啡店及餐飲小店。

時至今日，老香洲仍然是珠海的核心區域之一。除了是市政府所在地，亦有珠海近年最具代表性的地標日月貝，以及最具實力的商場萬象匯。無論是初到珠海，希望找個地方舒展身心；抑或對珠海已瞭如指掌，只想找個地方逛街吃飯，老香洲也是很適合的區域。

MAP

香洲區
第十八小學
老板
很二
珠海市
第三中學
Station法式
精釀小酒館
中山大學
附屬第五
醫院
興業快線
海天公園
2
珠海規劃
展覽館
香洲港客運站
10
香洲區
第七小學
石溪公園
1
5
珠海市第三
人民醫院（紫荊部）
Blossom Coffee
東路
青山學校
珠海市
紫荊中學
俾阿嫲
丹田城市廣場
9
朝陽市場
珠海市
工人文化宮
6
茂業百貨
4
中國郵政
咖啡
野狸島公園
珠海
電視台
FULL飽
金寶路
商業廣場
3
香山公園
太陽與海
麻雀與不叔
咖啡館
珠海市文園中學
7
珠海開放大學
宜尚酒店
8
珠海市
第二中學
檸溪路
珠海
望海樓酒店

老香洲景點列表

1. 海韵城日月貝新天地
2. 正方優和匯．海天
3. 揚名廣場
4. 香洲埠歷史文化街區
5. 古元美術館
6. 珠海萬象匯
7. 雲初甜品屋
8. 斜坡燒雞店
9. Tunnel Bee Coffee
10. 財記快餐店

海韻城日月貝新天地

址 珠海市香洲區漁灣路 29 號

2017 年啟用的日月貝，正式名稱是「珠海大劇院」。由於造型獨特，形似一大一小兩個貝殼，因而得名。

日月貝底下有個叫做「海韻城」的商場，商戶以大型連鎖店為主。由於位處旅遊景區，部分價格存在虛高問題。

面朝大海那邊有一條短短的、只有三間酒吧的酒吧街。各酒吧設有戶外座位，讓大家吹着海風喝喝酒；也可以看到燈光映照下的日月貝，有點科幻的感覺。

有讀過我的前作《深圳》及《佛山》的讀者應該知道，我十分喜愛一家來自蘇州的全國連鎖文創手信書店 —— 貓的天空之城。這個品牌於 2024 年暑期在日月貝開設了其暫時在珠海的唯一門店。

2024 年 7 月 OPEN

貓的天空之城概念書店

址 A 區

時 週一至四、日 10:30~22:00、週五六 10:30~22:30

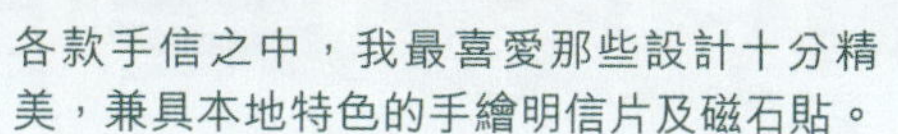

各款手信之中，我最喜愛那些設計十分精美，兼具本地特色的手繪明信片及磁石貼。

不過搞笑的是，珠海店有近一半的產品都是充滿澳門特色 XD。

正因如此，真正有珠海特色的產品選擇十分少，沒有其他城市的多元化，例如磁石貼、明信片均只有 2~3 款。

珠海分店面積較小，缺少其他分店常見的售賣書籍區域，變成單純只賣文創手信及精品的店舖。不過我想對於遊客來說，這家店最吸引的賣點正是文創手信，所以影響不大。

和其他分店一樣，這裏有提供描繪珠海特色的印章，供遊客收集。

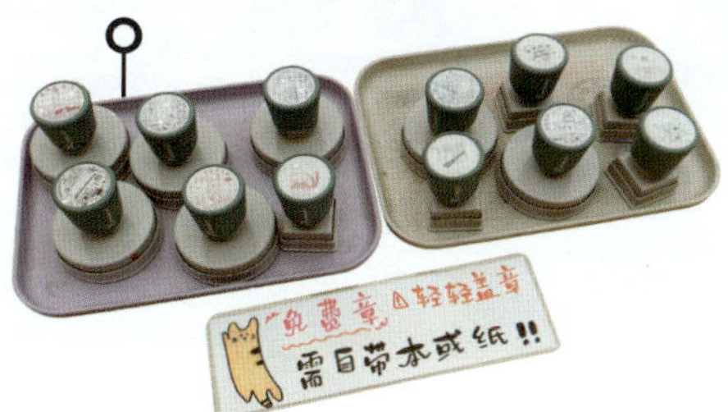

野狸島小攻略

日月貝位於名為「野狸島」的小島上，並以公路行人兩用橋「海燕橋」及「新月路」與陸地相連。所以除了可以坐車過去，也可以踏單車，甚至是步行過去！

站在海燕橋上，可以同時拍到日月貝及已經結業的酒樓得月樓畫舫，中西匯萃，新舊結合，陰陽相調，是很受歡迎的打卡位。

雙人單車（¥80 / 小時）
如果想騎單車去野狸島要注意，島上只有由海燕橋至日月貝的範圍可供共享單車進入，其餘範圍只能騎私人單車，或者價格比較昂貴的雙人單車。

遊覽車（¥30 / 人）
當然也可以乘電動遊覽車，或者步行遊覽，正常步速應該不用半小時即可遊覽完畢。

該路段全是海濱長廊，可看到幾乎一望無際的大海，以及海中央的港珠澳大橋。

印象最深刻的是在大約中間位置的「龍貓」雕像，旁邊還有一條火車軌，很可愛。

2023 年 1 月 OPEN

正方優和匯‧海天

址 規劃展覽館西北側海天公園南側

2023 年年初開幕，開放式設計的優和匯海天，位處情侶中路最北端。雖然商場面積不大，加上周邊人口密度甚低，但由於毗鄰珠海規劃展覽館及海天公園，依然能吸引一些特色餐飲進駐。

商場後方本身有一條通往後山的步道「香山雲道」，最遠可通往後文介紹位於新香洲的向山湖公園一帶。不過至此書截稿前，該步道仍然未重新開放。

2023 年 9 月 OPEN

老饕小館

址 3/F
時 11:00~14:00、17:00~21:00
費 ￥109 / 人

老饕小館是此書介紹的眾多商場餐廳之中，我印象最深刻的其中一家（另一家是後文介紹位於橫琴的蘭姐農莊）。

餐廳環境十分幽雅，部分靠窗的座位更可遠眺海景。

儘管以內地生蠔來說是比較貴，但仍比進口生蠔便宜一點。用這個價格吃到類似高級生蠔的感覺，是否划算就見仁見智了。

九層塔焗排骨（¥68）
水準比「太陽與海」的排骨有過之而無不及，更乾爽，甚至帶點焦脆位。重點是兩家的排骨分量差不多，但這裏便宜一點，所以我更愛老饕小館的。

私房海鮮汁熟醃生蠔（¥25）
雖然是熟蠔，經過醃製後，竟然有種高級進口生蠔的感覺！十分鮮嫩，口感像牛奶幼滑。醬汁微甜微辣微麻，更能突顯生蠔的鮮味。

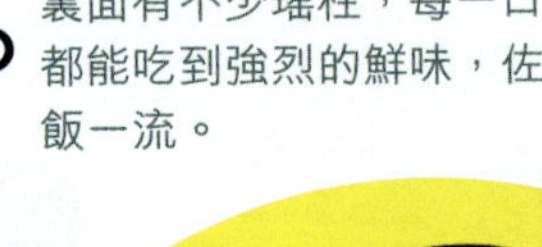

裏面有不少瑤柱，每一口都能吃到強烈的鮮味，佐飯一流。

南澳海味豆腐煲（¥68）
大蝦十分鮮甜爽口彈牙，明顯選用新鮮貨色，豆腐也是超級嫩滑。

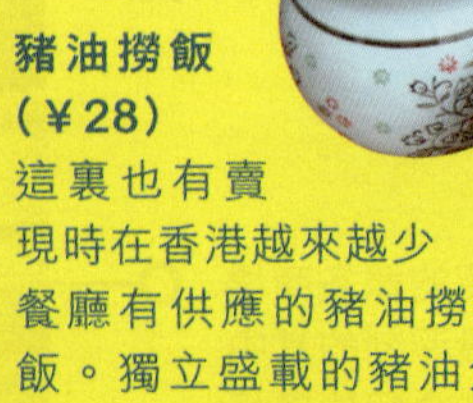

豬油撈飯（¥28）
這裏也有賣現時在香港越來越少餐廳有供應的豬油撈飯。獨立盛載的豬油分量超多，飯也是用小砂鍋即叫即蒸，誠意十足，但價格以珠海物價來說並不便宜。

附近景點及餐廳

珠海規劃展覽館

址 情侶中路 2889 號
時 週二至日 09:00~17:00
費 免費入場

在優和匯海天旁邊的珠海規劃展覽館，與較矮的珠海博物館無縫連接在一起。

如果想找個地方靜靜地看海，8 樓是不錯的選擇。這裏除了擺放了多張椅子，視野亦最為廣闊，可以望到附近的日月貝。

展覽館共 8 層高，仔細逛的話可以待上大半天。當中有不少樓層設有落地大玻璃窗，可觀賞對出的海景。窗上甚至印有一些詩詞，更添幾分文藝氣息。

雖然展覽館在 2020 年年底開幕，但近年珠海的規劃瞬息萬變，導致展覽館有部分內容已經過時，例如仍有講述梅華路上早已拆卸的有軌電車、沒有提及深珠通道等，所以在此就不作詳細介紹。

西Dor 小貼Si

在展覽館後方的珠海公交海虹總站，可以乘坐雙層觀光巴士，路線為沿情侶路來往拱北口岸，不過價格稍貴，1 日票每位要 ¥30。

2023 年 6 月 OPEN

Station 法式精釀小酒館

址 情侶路香洲灣東側海天驛站公園內 1201 配套用房
時 週一至四 09:30~22:30、週五至日 10:30~00:00
費 ¥95 / 人

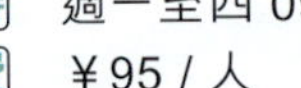

在珠海規劃展覽館對出海邊有個名為「海天公園沙灘」，據說早年被颱風破壞，於 2022 年才修復完成。而在沙灘的北面有一個小小的半島，亦被闢為公園。雖然這個沙灘不能游泳，但由於這裏遠離鬧市繁囂，我覺得水質較前文介紹的另外兩座沙灘清澈一些。

公園靠近沙灘有一間玻璃屋，屋外的露台除了可以飽覽整個沙灘，亦可遠跳海灣對面的日月貝。

這裏的視角非常完美，剛好可以看見一大一小兩個貝殼，甚至可以看到貝殼裏面的「貝肉」。

現時玻璃屋開了一家法式餐酒館，並在露台上擺放多張桌椅，讓食客一邊品嚐美食，一邊觀賞海景及沙灘景，真的很 Chill～

醬烤豬肋排（¥78）
餐廳環境雖好，出品較一般。網上最多人推介的豬肋骨口感普通，味道偏鹹。

五芝士披薩（¥125）
Pizza 的水準還算不錯，五重芝士 Pizza 的餅底煙韌中帶點 Q 彈，上面的芝士也夠多。

香草肉桂拿鐵（¥32）
其實餐廳最招牌的並不是食物，而是咖啡和酒，特別是咖啡的款式挺多元化。因此我會建議大家如果想來打卡，點杯喝的就可以了。

雖然揚名廣場裝修格局甚有年代感，不過由於地理位置十分優越，加上由珠海免稅集團與華發商業聯合營運，所以也吸引不少知名連鎖餐飲品牌進駐。

揚名廣場

址 鳳凰南路 1066 號

2015 年開幕的揚名廣場，分為較矮的一期及較高的二期，兩期之間無縫連接。其中一期主要為 Aeon 超級市場，二期則是非常方正的傳統室內商場。

2024 年 6 月 OPEN

陳文鼎

址 外廣場

時 10:00~22:00

來自廣州，主打珍珠奶茶的陳文鼎，採用薄利多銷的策略，開業短短三年就已在全國多個城市開設分店。

黑糖珍珠奶茶（￥15 /2 杯）

最招牌的黑糖珍珠奶茶，長期賣 ￥15/2 杯，平均一杯只需 ￥7.5！而且我覺得並沒有將貨就價，珍珠十分 Q 彈，黑糖味很濃，奶味不淡，只是茶底有點苦澀。

陳文鼎強調所有珍珠奶茶均是用牛奶製作，當日我也見到他們的確有使用盒裝純牛奶沖泡奶茶。

附近餐廳

麻雀與不叔咖啡館

址 碧海路 97 號

時 09:00~19:00

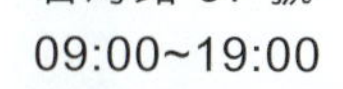

麻雀與不叔是一家充滿神秘感的咖啡館，不但開在小巷裏，而且即使來到咖啡店門口，仍然要穿過一條走廊，再轉兩個彎，才能到達咖啡店的點餐櫃台。

由於四周被建築物包圍，形成類似一個天井位，就像在別有洞天的地方喝咖啡，特別幽靜。

老闆也挺懷舊的，店內有一個區域專門售賣仿古物品。

也收藏了不少舊物品，例如一系列不同款式的雞公碗。

雞公碗拿鐵（￥28）
有一款拿鐵是用雞公碗來盛載！超大碗，價格十分便宜，而且味道不算差。

當然更重要的是用來打卡真的很有霸氣 XD。

有 20 年歷史的太陽與海，由於位處通向著名景區野狸島的橋口旁，所以深受遊客歡迎，亦是珠海較早期的網紅店之一。這裏聲稱主打珠海原居民菜，雖然我未能求證是否屬實，不過可以肯定的是這裏有部分菜式是坊間少見，而即使是其他餐廳常見的，這裏的做法也有點不同。

太陽與海

址 碧海路與東風路交叉口北行 200 米路西

時 11:00~22:00

費 ¥76 / 人

家鄉三角粉（¥38）

餡料主要是馬蹄粒和豬肉碎，味道甜甜的，帶有很重的豬油香氣，加上粉皮十分嫩滑，令人欲罷不能！

紫蘇焗排骨（¥78）

排骨肉質彈牙，肉香味濃。由於加入了大量紫蘇葉焗製，令每一塊排骨均吸滿紫蘇香味，非常滿足！是我最喜愛的一道菜品。

原創馳名茶皇鴨（¥49）

鴨肉鮮嫩多汁，亦很入味。美中不足的是茶香味不夠濃，但整體而言味道不錯。

艇家煎蛋角（¥48）

坊間的蛋角，蛋皮通常是薄薄的，而這裏的卻是超厚，甚至有點像用猛火煎到全熟的奄列，但口感鬆軟。內餡是菜脯和洋葱，鹹香之中帶點洋葱的清甜，亦能襯托出雞蛋香氣，很好吃。

香洲埠歷史文化街區

址 香埠路

雖然珠海於 1979 年才建市，但其實早在 1909 年清朝末年已經開埠。當時選址在現時的鳳凰北路一帶，並命名為「香洲商埠」。現時「香洲區」、「老香洲」等名字亦源於此。

鳳凰北路一帶至今仍然保育了不少過百年歷史建築物，其中部分在 2022 年已被活化成美食街，其餘則陸續在近年翻新，相關工程於本書截稿時仍在持續進行中，預計將引入不少文創商店及特色美食。

歷史文化街區範圍亦包括附近的舊海鮮市場——朝陽市場。該街市亦正進行翻新工程，計劃升級成像後文介紹的灣仔及白藤頭模式的海鮮市場，顧客選購完海鮮後，可以即場找餐廳加工。現時則在對出空地設立了夜市，同樣有海鮮加工攤檔。

2023 年 9 月 OPEN

拾伍 Yu's cake art

址 朝陽路 66 號 2 樓

時 12:30~20:30

主打手工蛋糕的拾伍，位處文化街區內一棟歷史建築的二樓，初次到訪可能會較難找到。

鄉村風格的裝修，感覺溫馨，我覺得猶如置身在動畫場景中。

雖然這家甜品店如此隱世，卻因出品很不錯，加上 CP 值十分高，仍然吸引不少人慕名而來光顧。

番石榴草莓蘇打（¥19）
除了貨真價實，比較特別之處是可以選擇檸檬的酸度，讓顧客揀選最適合的口味來配搭蛋糕。

略為可惜的是當天我在剛營業不久就已經來到，早上預先製作的蛋糕尚未完全解凍，忌廉口感略硬。所以我會建議大家不要太早過來。

酷黑雙莓奶油蛋糕（¥28）

同樣真材實料，就連紫色的忌廉也不是以香精色素，而是貨真價實選用雙莓製作，甚至可以看到明顯的果蓉顆粒，因此每一口都能品嚐到濃濃且真實的果香味。

近年內地不少旅遊城市的郵政服務單位，紛紛開設郵政主題咖啡店。珠海也不例外，與本土品牌 NINETY COFFEE 合作，現時在珠海開設了十多間門店。鳳凰南路店是其首間，亦是最大的一間門店。

附近餐廳

中國郵政咖啡 NINETY COFFEE

址 鳳凰南路 1161 號
時 08:00~22:00

作為一家與郵政合作的咖啡店，這裏也有售賣各種郵政用品，包括明信片、紀念郵票等，當然也可以在此寄信。

整家咖啡店以中國郵政標誌性的綠色作主調，風格典雅中帶點時尚，環境不輸其他咖啡店。

郵政大咖（¥18）
焦香味十分明顯，甚至可說是我近年喝過最重焦香味的咖啡！加上奶味十足，挺好喝。

NINETY COFFEE 其他門店均是由報刊亭改建而成，面積十分細小，不設堂食座位，亦只有售賣少量文創精品，就連咖啡款式也較鳳凰南路店少。

亦有不少甚具珠海特色的印章，供喜愛集章的人士免費蓋章。

2024 年 11 月 OPEN

俾阿嫲 Beormaa 烘焙店

址 鳳凰北路 1056 號商業大廈 12 號舖
時 07:30~20:00

據説俾阿嫲的老闆是汕尾人，他將小時與阿嫲在汕尾老家的回憶融入麵包創作，所以麵包店才會有這個有趣的名字。

這裏超過一半的麵包結合了潮汕風味，加入了潮汕菜常見的食材或調味料，例如沙茶、魚露、橄欖菜等等，充滿新鮮感。亦由於所有麵包均是當日新鮮製作，所以我有一次下午 4、5 點到達，大部分均已售罄，建議大家可以早點過來。

藤條鹼水酥（¥9）
超長超幼的麵包，真的有幾分像兒時承受過的「藤條」XD。

由於太幼，所以不太能感受到鹼水麵包那種煙韌的口感，不過卻是超．級．酥．脆！就連中心位置也是脆脆的，口感一流！

黑松露芝士醬（¥1）
麵包本身已帶一股牛油及小麥香氣，不過如果覺得太單調，這裏還有 3 款醬料可供選擇，黑松露芝士醬是唯一一款需要另外收費的。芝士和黑松露夠濃郁之餘，黑松露那股像「煤氣味」的異味並不明顯，配搭藤條酥能令香氣更有效釋放，很不錯。

金不換沙茶肉碎恰巴塔（¥15）
將肉碎連同潮汕特色的金不換和沙茶醬一起炒製，三種香氣在嘴裏激盪，輔以一點微辣，令人回味無窮。

加上新鮮出爐，外脆內軟的麵包，麵糰內更混合了金不換，令香氣更突出之餘亦顯誠意。需注意餡料略為油膩，以及麵包放久了會變硬，建議盡快享用。

Blossom Coffee

址 鳳凰北路 1056 號郵政大廈旁
時 07:30~20:00

就在俾阿嫲隔壁的 Blossom Coffee，是珠海本地較著名的連鎖咖啡店品牌，至今在珠海有 5 家門店。當中鳳凰北路是總店，最大特色是有兼賣盆栽植物，綠意盎然。

雖説是咖啡奶蓋，但選用了麋鹿這種豆，風味十分像焦糖榛子朱古力，上面還有一些香草碎，不但令整體香氣得以昇華，亦令不喜歡咖啡的我，覺得這一杯絕對是我近年喝過最好喝的咖啡。

衝浪板（¥25）
最特別的飲品，有點像前文介紹的三號椰子糖系列的咖啡版本，分為兩層，下面是椰青水，上面是咖啡奶蓋。

和椰青水攪拌後，又是截然不同的風味，有點像混合椰青水的朱古力，突然間有種很夏日很新鮮的感覺，難怪叫做「衝浪板」。

2024 年 8 月 OPEN

古元美術館

址 梅華東路 388 號
時 週二至日 09:00~17:00
費 免費入場

2008 年開幕的古元美術館，旨在紀念在後文介紹的珠海唐家灣那洲村的藝術大師古元先生。該館曾遭颱風天鴿及山竹破壞，後於 2024 年完成改造及擴建工程。

與大部分內地近年興建的美術館一樣，這裏也是以白色作主調。4 層高的中庭，上方設有巨型玻璃幕牆，天氣好的時候陽光透射進來有不錯的光影效果。加上到訪當天正中央懸掛了一個幻彩繽紛的巨型藝術裝置，在陽光的映照下更顯夢幻。

旁邊的外黑內啡旋轉樓梯，是最受歡迎的打卡位。

古元被譽為中國現代版畫藝術的代表人物之一，更被徐悲鴻稱其為「中國藝術界中一位卓絕之天才」。想了解古元的生平，可以到 3 樓的古元專廳參觀。

廳內亦收藏了古元捐贈的 170 多幅作品，包括版畫、水彩畫及素描等……

美術館其餘部分主要用作舉辦期間限定的藝術展覽。我到訪當天剛好舉辦一個國際攝影藝術展，作品的呈現方式跟我以往看過的攝影展感覺很不同。

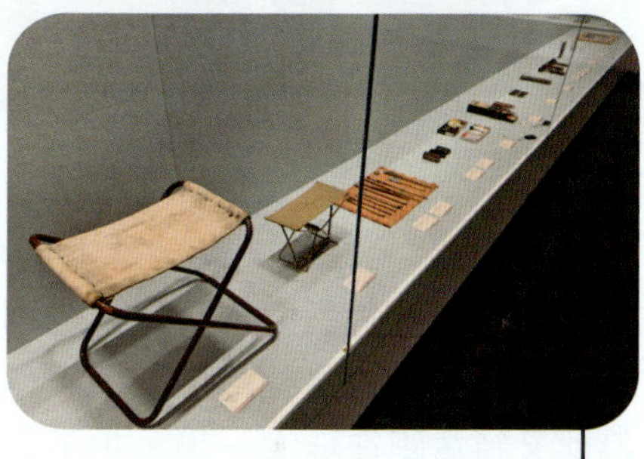

以及其作畫的工具。

例如有部分作品被貼在燈箱上，令對比度更高，觀感更好；更有作品被倒掛在天花版上，需要仰望才能觀賞。

由於古元不少重要作品均為版畫，館內的文創展示區可讓大家免費簡單體驗版畫的印刷方式。

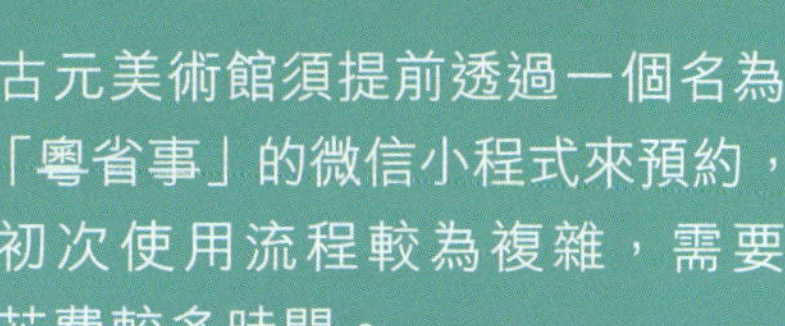

古元美術館須提前透過一個名為「粵省事」的微信小程式來預約，初次使用流程較為複雜，需要花費較多時間。

另外由於這裏是免費入場的私營美術館，加上工作人員均是義工，所以不要對他們有太多要求。

2025 年 4 月 OPEN

珠海萬象匯

址 銀樺路 102 號

2020 年開業，原名「優特匯」的珠海萬象匯，是令我又愛又恨的商場。愛是因為它是香洲區內室內部分最大的購物商場，假如我在珠海想找個地方歎冷氣，很多時候都會首選這個商場；而恨是因為它在本書臨近截稿前更改了名字！所以我為此又特意跑往珠海一趟，拍下它最新的外貌。

優特匯之所以要改名，原因有二：首先，商場早在 2022 年已由華潤萬象生活接管營運，而近期華潤在內地不少地區如中山、順德等，亦有多個名為「萬象匯」的商場相繼落成。將優特匯改名，能更有效推廣萬象匯這個品牌。

其次，前文有介紹過珠海近年有多個名為「正方優和匯」的商場相繼落成。雖然這些商場的名字和優特匯很相似，但雙方並沒有任何關聯，亦並非由同一個發展商興建。將優特匯改名，能讓顧客不會感到混淆。

華潤接手後，便將商場戶外區域命名為其他華潤旗下商場經常會見到的名字——里巷。不過這裏的「里巷」檔次較低，現時入駐的以咖啡茶飲店為主。儘管如此，這裏種植了不少綠色植物，更會經常擺放應節的巨型裝飾，是個放鬆打卡的好去處。

酸奶罐罐

址 里巷

時 09:30~21:30

粒粒山楂酸奶昔（¥14）

對比其他酸奶品牌，我覺得這裏的酸奶酸甜度更為平衡，發酵風味更突出，味道不錯。

來自上海的酸奶（即 Yogurt）專門店，最特別是選用現場密封的鋁罐來盛載部分產品。由於鋁罐可以回收，個人認為比其他膠杯裝的飲品更為環保。

經常北上的朋友，對盒馬鮮生這個超級市場應該並不陌生，但由於這家分店是珠海的首家盒馬鮮生，開幕初期更要排隊才能進入，人氣甚高，所以在此介紹一下。

2025 年 1 月 OPEN

盒馬鮮生

址 B1 層

時 09:00~22:00

它是阿里巴巴旗下的超市，主力做配送到家服務。不過由於盒馬誕生之時，網上超市仍是十分嶄新的概念；盒馬為求令顧客信服其貨品夠新鮮，所以在超市內提供即撈即煮海鮮服務。在海鮮池揀選完海鮮後，可移動至點餐區，選擇烹調方法及付款，待海鮮加工完畢即可取餐。

超市內亦有其他檔口，可以選購各種熟食。

設有就餐區域，供客人即場享用美食。

盒馬的蔬菜及肉類亦很強調其新鮮程度。其「日日鮮」系列在包裝上會有醒目標識，讓顧客一眼就能知道來貨日期。

2025 年 3 月 OPEN

好利來

址 B1/F

時 10:00~22:00

來自蘭州的麵包店，在全國有多間門店，更是現時內地不少麵包店的仿效對象。過往好利來都在華南地區以外發展，而近期則開始進軍廣東。2024 年 12 月於深圳福田星河 COCO PARK 開設深圳第一家門店時，門外更曾有數百人排隊，十分誇張！不過珠海店開業不久後我曾多次到訪，卻未見人龍。

由於好利來甚具實力，邀請到不少知名 IP 與其聯名，推出不少正版授權的造型蛋糕。

據説品牌聘請店員的要求非常嚴格，有指是依據空姐空少的準則，因此店員大多身材比較高挑，也有一定的顏值。加上裝修以粉紅色作主調，有種高貴、童話的感覺。

飄香烤腸牛角條（¥19）、燻香芝士香腸可頌卷（¥20）

這兩款產品的外形幾乎一樣，我也經常不小心買錯 XD。牛角條比較短，可頌卷比較長，差不多長了 1/3。附圖為可頌卷。

兩者口感也幾乎一樣，麵包非常酥脆，捲着爆汁的脆皮腸。不過沒有「燻香」的牛角條，卻有濃烈的煙燻香氣；反而有「燻香」的可頌卷則幾乎沒有，但多了一股芝士香氣。

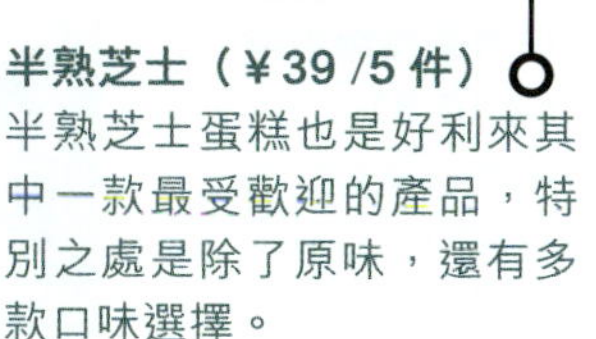

半熟芝士（¥39 /5 件）

半熟芝士蛋糕也是好利來其中一款最受歡迎的產品，特別之處是除了原味，還有多款口味選擇。

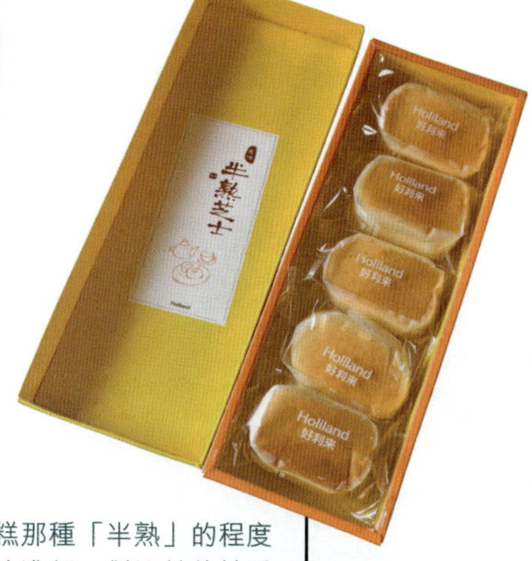

雖然我覺得原味的半熟芝士蛋糕那種「半熟」的程度仍有改善空間，不過芝士味的確濃郁，對比其他競爭對手的出品，算是比較高水準。

附近餐廳

FULL 飽

址 銀髮路 8 號
時 07:30~18:00

雖然這只是一家開在小路上，毫不起眼的麵包小店，其蛋撻卻被不少珠海網民評為全珠海最好吃！

焦糖蛋撻（¥10）
做法近似葡撻，奶香味的確比內地其他售賣同類產品的為重，而且撻皮超級脆，最外層脆得像薯片一樣！

撻底沒有壓死的問題，依然保持酥脆質感，分層清晰可見。雖然有一次我試過買到一個稍失水準的，但概率已明顯比同行的低很多，的確是珠海數一數二好吃的蛋撻。

伯爵茶焦糖蛋撻（¥10.5）
伯爵茶沒有想像中濃烈，而且價格稍貴，我覺得還是原味的比較好。

西Dor 小貼Si

FULL 飽毗鄰老香洲其中一條著名美食街 —— 888 街，大部分為大牌檔及宵夜餐廳。

在 FULL 飽所在的銀髮路上，亦有後文介紹的 echoes coffee 分店。

老香洲餐廳介紹

雲初甜品屋

址 人民東路 165 號 2 棟 119 號
時 14:00~21:30

此書會介紹 4 間主打榴槤甜品的甜品店，而其中我印象最深刻的是雲初甜品屋。

榴槤忘返（¥23）
雖然只賣 ¥23，卻有 4 大塊新鮮、香甜的榴槤肉！

裏面還有芒果、黑糯米和西米，芒果很夠甜，CP 值超級高！

又是一家令我印象超深刻的餐廳！菜單非常簡潔，只有 12 款美食，可見老闆非常注重出品。不過要注意，餐廳不定期休息，請做好「摸門釘」的心理準備 XD。

斜坡燒雞店

址 北環街 38 號
時 17:00~00:00
費 ￥58 / 人

炭吊燒雞（￥70 / 隻）
既然叫做「燒雞」店，最招牌的當然是燒雞，絕對是做到皮脆肉嫩，甚至可說是我暫時吃過最好吃的燒雞之一！

外皮卜卜脆，咬下去有聲響，而且每一吋雞皮都有同樣效果，受熱很均勻。

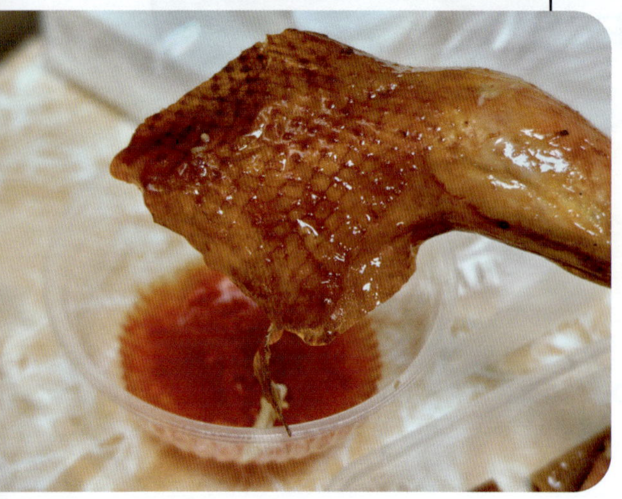

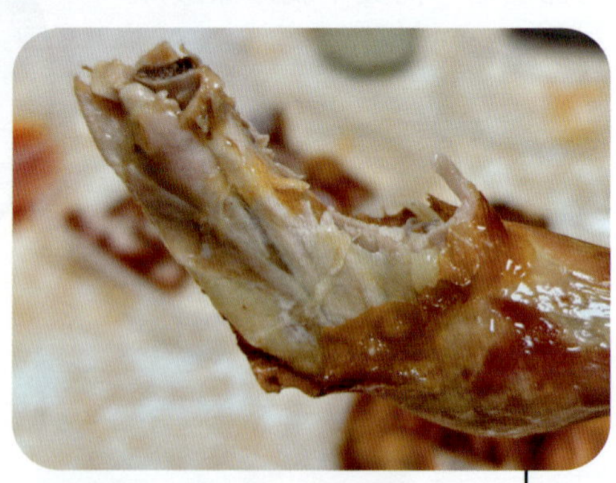

雞肉嫩得驚人，咬開後會看到雞汁不斷流出來，非常誘人。當然雞味也很重，亦非常入味，但調味比較簡單，蘸點泰式辣醬會更好吃。

大腸頭（¥36）

除了燒雞，這裏還有豬頸肉、排骨、雞腎、雞翼，以及大腸頭。

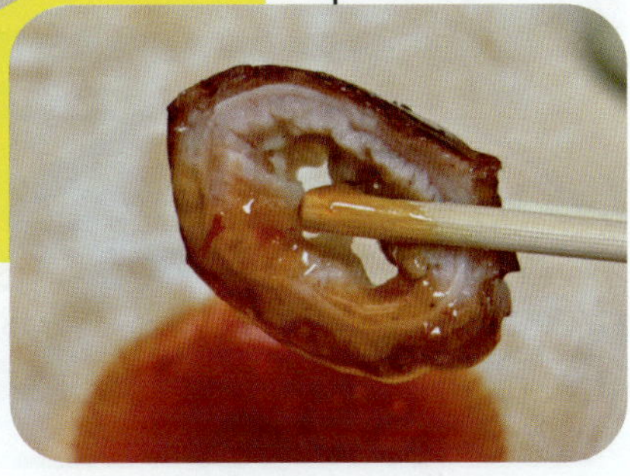

外皮同樣香脆，內裏彈牙多汁，更重要的是洗得很乾淨，完全沒有異味。

麻辣湯菜（¥3 / 串）

雖然這家店十分細小，卻很神奇地另外有一家店寄生在此，就是門口的麻辣湯菜檔口。我要到結賬時，燒雞的人叫我把麻辣湯菜的錢直接給煮菜的人，我才發現原來是兩家店！

想吃的話，可以自行夾雪櫃裏的菜，再交給煮菜的人。（感謝澳門 Yoliving Leo 兄幫忙出鏡）

不過我覺得這裏的麻辣湯香料味道單一，幾乎只有花椒及辣椒的味道，不夠惹味。

2024 年 OPEN

Tunnel Bee Coffee

址 獅山路 333 號
時 06:00~19:00

一家非常小的咖啡店，售賣多款甚具創意的咖啡，當中最主打的是結合蜂巢塊的蜂格咖啡。

不過由於蜂巢含有難以消化的蠟質，最終需要把蜂蠟吐出來，比較麻煩，所以懶人版的方法就是直接把蜂巢泡進咖啡裏喝。但是這樣就要等待較長時間，讓蜂蜜慢慢滲進咖啡，只適合不趕時間的人士。

蜂格（¥32）
蜂巢塊以竹籤穿着，架在咖啡上。店員建議可以先咬一口蜂巢，單獨品嚐蜂蜜的清甜，再喝一口咖啡，繼續細嚼，將蜂蜜與咖啡完美結合。

茶菌氣泡美式（¥28）
雖然沒有啤酒成分，卻充滿啤酒花的香氣，讓人有種在喝啤酒的錯覺。加上帶點果香，就像在喝果味啤酒，挺特別的。

財記快餐店

址 碧濤路 30 號
時 05:00~14:00
費 ￥17 / 人

已有 30 多年歷史的財記快餐店，主要供應粥、粉、麵、雲吞等早餐快餐。有不少珠海網民表示在財記能吃到童年味道，而其出品水準也是多年不變。

撈雲吞加牛腩（￥20）
財記有兩大招牌美食——撈雲吞及牛腩，其中撈雲吞是甚具珠海特色的美食。

雲吞按照傳統廣州雲吞的做法，是純豬肉雲吞，每顆個頭都很小，跟拇指頭差不多。雲吞皮超薄，餡料十分飽滿，加上腩汁真的是超．級．香．濃，讓人回味無窮！

雲吞是現場新鮮製作，到訪當天亦見到店員在包雲吞。

牛腩用料高質，牛味香濃而且吸滿滷汁香氣。口感剛剛好，不會太軟，可以多咀嚼幾口，然後滷汁及牛腩的香氣會同時爆發出來，非常滿足。

新香洲

雖然新香洲是珠海主城區之中，距離關口最遠的區域，甚至與中山的坦洲鎮只有一街之隔；但仍然無阻港車及澳車北上人士到訪。因為會員制超市山姆會員商店在珠海的唯一一家門店，正是位於新香洲。

由於新香洲是主城區中較新發展的區域，所以整體規劃較其他區域較好，更有不少公用配套設施，例如體育中心、市圖書館、文化藝術中心等，香洲區政府也位於此。

金發購物中心
梅溪商業廣場
廣珠城際鐵路
警官文化活動中心
大印巷攤攤火鍋
春風路
5
原味湯粉石磨腸粉
明珠北路
珠海市第一中等職業學校
孔一凡餃子
A
C
明珠站
D
B
8
甘杯
明珠北社區公園

MAP

香山湖公園
4
漫咖啡
孔一凡餃子
梅界路
李錦記客家菜
火鍋
珠海市鳳凰中學
香樹路
廣東省珠海市中級人民法院
敬業路
珠海市第一中學
梅華城市花園
珠海市公安局
梅華西路
珠海RubySun瑰寶酒店
水東鴨粥店
9
珠海市體育中心
金橡樹咖啡
古春堂涼茶甜品
百草甜品
漁痴魚醉
喜友來酸菜魚
趙記傳承
1
2
廣富市場
珠海市第九中學
沙縣小吃
3
威加士燒烤酒館
荔枝灣美食
珠海潮聯學校
紅山路
Bliss
6
回家湘
7
人民西路
翠前北路
珠海朗悅酒店
仁恒星園商業街
華潤萬家
梅華中學

拱北景點列表

1. 旺角薈
2. 創想公社 · 火花 Spark
3. 除二棲地藝文空間 · CHILL OUT HABITAT
4. 香山文化藝術中心
5. 珠海印象城
6. Echoes coffee 回響咖啡
7. 明記涼茶店
8. 珠海佑里 · 碧樂城
9. 格創悅里

2024 年 5 月 RENOVATE

旺角薈

址 敬業路 88 號

已有 20 多年歷史的珠海老牌商場「旺角百貨」，由於設施殘舊，人氣日漸下滑，總部位於珠海的國企格力集團於 2024 年對商場進行翻新，並將其更名為「旺角薈」。

翻新後的商場不但裝修設計年輕活力化，亦引入不少受年輕人喜愛的輕食小店，與一條馬路之隔的青年創業園區創想公社・火花 Spark 形成協同效應，成為年輕人工餘的好去處。

二兩燒麥 coffee

時　週一至五 08:00~21:00、週六日 10:00~21:00

消　￥53 / 人

單看二兩的店面，大家可能以為是咖啡店。儘管這裏的確有賣咖啡，不過真正身份其實是一家據說由內蒙古人開設，主打內蒙古燒賣的小吃店。

傳說燒賣這道小吃其實源自蒙古，於元朝時傳入中國。蒙古燒賣跟我們常見的燒賣有很大分別，不但大隻一點，白色的燒賣皮也更大塊，頂部的收口位呈荷花形狀；餡料以羊肉或牛肉為主，輔以葱薑等配料，蒸熟後帶有肉汁。

餐廳名字「二兩」相信是源自呼和浩特「二兩燒賣憋死漢」的說法。由於內蒙古人習慣以製作燒賣所用的麵粉重量來計算燒賣的價錢，所以大家不要被菜單上的重量單位誤導——這裏的二兩燒賣，大約有 12 個，每個都像拳頭那麼大，普通人難以把二兩燒賣吃光！

羊肉燒賣（￥36 / 一兩 6 個）
羊肉燒賣是這裏主推的菜品，不過連不怕羊羶味的我也覺得羶味太重了，不是每個人都能接受。

牛肉燒賣（￥16 / 半兩 3 個）
相反牛肉燒賣完全沒有羶味，牛肉香氣更被葱香激發出來，很不錯。

額吉奶茶（￥3）
蒙古奶茶跟我們常喝的奶茶有兩大分別。其一是味道居然不是甜的，而是鹹的！雖然聽起來很暗黑，但其實鹹味能令奶味更突出，加上茶味不淡，我覺得挺好喝的。

其二是可以像吃穀物早餐一樣，加點炒米一起吃。炒米口感硬脆，除了豐富了口感，亦令奶茶多了淡淡的米香及焦香味道。

現時在珠海有兩間門店的 METOM，其位於旺角薈、開在圓柱形玻璃屋內的分店，裝修十分「呃 Like」，但定價十分親民。

METOM 主打「平得驚人」的 Add day brunch，不含飲品只需 ¥25 起，配搭最便宜的飲品也只需加 ¥5！

metoM • 西式早午餐

時 08:00~21:00
消 ¥36 / 人

當然一分錢一分貨，不要期望質素會很高，不過就連我這種嘴刁的人都覺得不難吃，甚至比香港的連鎖快餐店還好一點呢！以這個價格吃到這個質量的 Brunch，CP 值很高。

套餐內所有食物都可以自由搭配，例如我點的美式全日餐，扒類、蛋、麵包、醬料、配菜都可以自由選擇。我選了雞扒、雞肉腸、炒蛋及華夫，配以水果燕麥酸奶，加起來只要 ¥37！

當然更重要的是這裏的環境很一流。餐廳以綠、啡及淺灰色作主調，也種植了綠色植物，加上落地大玻璃窗，採光度非常高，在這裏用餐很有休閒寫意的感覺。特別是在天氣好的日子，陽光透射進來，更能拍到不錯的光影效果呢！

創想公社·火花 Spark

址 敬業路 51 號

2019 年開幕，由廢棄校舍改建而成的青年創業園區創想公社·火花 Spark，由於周邊人流及車流量較少，形成休閒氛圍，近年吸引不少特色餐飲及咖啡店進駐。

乜野撈面·炭爐雞煲

時 11:30~21:30
消 ¥45 / 人

乜野撈面其實是前文介紹、我挺喜歡的餐廳「老饕小館」旗下主打撈麵的副品牌，其中最招牌的是甚具珠海特色的蝦喇膏醬撈麵。

蝦喇膏醬撈麵套餐（¥39.9）
套餐包含撈麵、蔥油生菜膽、兩隻蜜烤雞中翼及汽水；亦可加 ¥6 將汽水換成章魚蓮藕煲豬骨湯。

蓮藕湯也有很高水準。雖然沒有甚麼湯渣，但無論質感還是味道都證明這是用料及火喉同樣足夠的老火湯。

加上麵條十分彈牙，整碗撈麵無論味道或是口感都不錯。唯一問題是調味比較重，加上蝦喇膏本身也鹹鮮，令整碗麵味道偏鹹。

蝦喇膏另外用小碟盛載，可按個人口味添加到麵裏拌勻來吃，或者分開品嚐。蝦喇膏並非蝦膏，而是取自盛產於珠海周邊地區的小蟹蟛蜞（又名「蝦喇」）。據說每年只有驚蟄至清明期間的十多天時間可以採集蝦喇膏，因此十分矜貴。我覺得它的鮮味比大閘蟹之類的蟹膏有過之而無不及，即使與已經調味的麵條拌勻來吃，仍能品嚐到濃烈鮮味。

就連雞翼也沒有可挑剔的地方。皮脆、肉嫩、多汁、入味，真的很不錯。

2024 年 9 月 OPEN

Coffeeman

時 07:00~23:00

來自中山的網紅咖啡店品牌，主打各式咖啡特飲及 Bagel。創想公社店是其於珠海的第一間分店，裝修則與中山門店有着截然不同的風格。

有別於中山店走簡單硬朗的工業風，珠海店走甚具活力的美式復古風格。咖啡店以啡、紅及米色作主調，很像走進了美劇場景般。

辣椒墨西哥芝士貝果（微微辣 ¥15）
上菜前有幫忙翻熱，能吃到 Bagel 本身鬆軟帶點 Q 彈的口感。雖然美式 Bagel 愛好者可能會覺得口感不夠正宗，但我覺得比較符合大多港澳人士的口味。

翻熱亦激發了芝士及火腿餡料的香氣，配搭酸辣的醃辣椒圈，的確有幾分墨西哥風情。由於辣椒圈只有寥寥數塊，因此是多數人能接受的辣度。

鹹蛋黃奶蓋拿鐵（¥18）
雖然叫做「鹹蛋黃奶蓋拿鐵」，但我不太覺得有鹹蛋黃的味道。不過黃豆粉沙沙的質感，混合鹹鹹的奶蓋，又有幾分像是鹹蛋黃。咖啡很易入口，對於不懂咖啡的我也覺得味道不錯。

西Dor 小貼Si

奶蓋表面灑滿黃豆粉，所以建議像我一樣，揭開杯蓋直接大口大口地喝。

2024 年 5 月 OPEN

除二樓地藝文空間．CHILL OUT HABITAT

址 香華路 1009 號規劃設計研究院 6 樓
時 09:00~22:00

除二樓地是一家深藏在珠海市規劃設計研究院寫字樓 6 樓平台花園的隱世咖啡店。由於是位處設計研究院內，這裏的裝修設計也很有特色，當中最吸引我的是咖啡吧台對出的寬闊空間。該處有個下沉式的圓形台階，並以鏡面天花作呼應，不但增強空間層次感，顧客圍圈而坐亦能營造出強烈的喝咖啡氛圍。

要找到它的地面入口也不容易，來到大樓後，上去平台樓層的訪客電梯位於這張照片所示位置的正後方。

由於我對咖啡沒有研究，就不跟各位深入介紹這裏的出品。不過咖啡款式的確比較多元化，約有 50 種，由 ¥18 一杯美式咖啡，到近 ¥100 的精品咖啡也有售賣。

到達 6 樓平台後，還需要經過飯堂旁邊的花園平台通道，才到達咖啡店正門。

店內的大書架擺放了不少圖書供顧客閱讀，消磨時光。由於這裏是規劃設計研究院，大部分書籍也與這些題材相關。

如果你是 I 人，不想與陌生人有眼神接觸，這裏也有多種可供你靜下心來品嚐咖啡的座位。部分靠窗位置更鋪上竹蓆，上面擺放矮桌及坐墊，讓顧客脫鞋後席地而坐。

戶外有個有點像《天線得得 B》場景的兒童遊樂角，家長喝咖啡的同時，小朋友也有地方放放電。

Dirty（¥22）
網上較多人推介的是內地近年很流行的 Dirty，即是將 Espresso 倒入冰牛奶中，形成漸層效果。除二樓地用上獨特外形的玻璃杯盛載，令這杯 Dirty 看似一座正醞釀爆發的冰火山，很有趣。

這裏亦有多個裝修甚有格調的會議室可供出租，方便商務人士在舒適優雅的地方中會談。

西Dor小貼Si

對出的花園平台設有不少戶外座位。由於周遭的樓宇密度較低，視野十分開闊，加上平台上種植了大量綠色植物，在這裏喝咖啡感覺更寫意。

2025 年 1 月 OPEN

香山文化藝術中心

址 建民路 868 號

外觀充滿嶺南園林風格的香山文化藝術中心，由兩棟主體建築——文化館及圖書館構成，並以連廊相連，是珠海主城區內最大的綜合文化場館。

我最喜愛的設計是中庭的大台階，除了可以坐在這裏暢享閱讀時光，旁邊橫跨 4 層樓的巨型書架亦是很適合打卡的地方。

為呼應建築外觀的嶺南園林元素，圖書館內亦充滿各種中式元素。其中最明顯的是 4 樓的「珠海百島書院」區域，處處呈現着簡約的新中式美感。

文化館內設有兩個逾千個座位的劇場、錄音室、排練廳等 41 個文化活動空間。不過由於遊客較少機會用到這些設施，這裏就不作深入介紹。

而樓高 4 層的圖書館，雖然以內地圖書館來説面積不算大，而且暫時藏書量不多（大部分書架只有數本書），但整體設計令我留下深刻印象。有別於內地圖書館通常以白色作主調，這裏主要採用原木色，即使是不鏽鋼書架也以木紋貼紙包覆，輔以淡黃色燈光，暖色色調不但令讀書光線更柔和，也更符合現代人的審美眼光。

該層閱覽室內的傢俬均為中式木製設計，格調古典優雅。旁邊的書架主要擺放文學鉅著，如四大名著、史記等。

同層尚有名為「千年風華共潮生——珠海文脈展」的小型展覽，主要講述珠海文化及教育的發展。

西Dor小貼Si

有珠海本地人跟我説，2019 年開幕，位於香山文化藝術中心旁邊的香山湖公園，是現時珠海最美麗的市政公園。

珠海印象城

址 明珠北路 338 號

印象城是距離關口頗遠，甚至已達珠海與中山交界，地理位置不算方便的商場，由港珠澳大橋口岸過來大約需半小時。不過由於開設了現時珠海唯一一家山姆會員商店，而山姆的確很適合自駕人士光顧，因此吸引不少港車北上的人前來。

珠海共有兩間迪卡儂店，其中一間正設在印象城內。內地的迪卡儂部分產品較香港店便宜，如欲選購運動服飾及器材，可在此順道購買。

因為這兩家特色巨型商戶帶來巨大的客流量，所以即使商場面積不大，商戶不多，近年也吸引一些特色餐飲店進駐。

在李是一家 2024 年在印象城開設，主打創新川菜的小店。儘管網絡上的評價一般，但我吃過覺得出品比連鎖店好得多。雖說是川菜，兩道招牌菜都不會很辣，符合大部分港澳人士口味。

2024 年 10 月 OPEN

在李做家常菜

址 3/F

時 11:00~16:00、17:00~21:30

消 ¥71 / 人

黑豆花酸菜魚（¥68 / 中份）

雖然只賣 ¥68，但分量一點也不少！我想大概只比其他餐廳定價約 ¥120 的酸菜魚少了 1/3 左右。

雙筍牛肋間（¥78）

牛肋間即牛肋條，牛肉香氣遠較其他部位濃郁，口感也嫩滑。這裏的牛肋間用上類似啫啫煲的做法，吸滿滷汁香氣，水準很高。

鱸魚肉質緊實，不像坊間的通常一夾就散，明顯是用新鮮貨色製作。

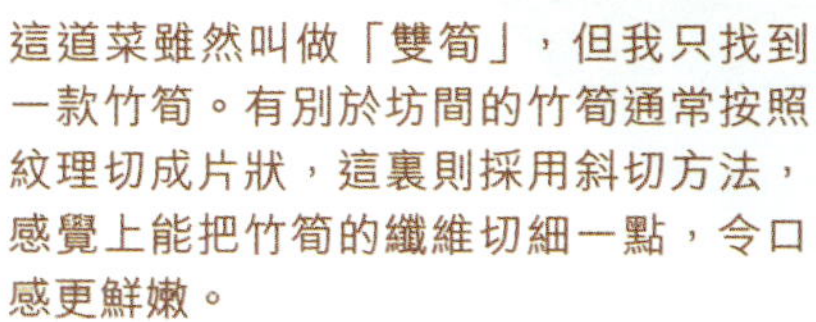

這道菜雖然叫做「雙筍」，但我只找到一款竹筍。有別於坊間的竹筍通常按照紋理切成片狀，這裏則採用斜切方法，感覺上能把竹筍的纖維切細一點，令口感更鮮嫩。

此外還有一些口感 Q 彈，切成厚身小塊的豆製品，有點像由多層腐皮壓製而成，也能做到吸汁的效果，同樣不錯。

最特別之處是加入了黑豆腐，口感嫩滑，豆香味濃，吸收了魚湯的鮮味，非常好吃。

漁序是一家主打脆肉鯇的餐廳，但有別於其他餐廳以粵菜方式來烹調，這裏的招牌菜金椒脆魚鍋採用了川菜麻辣乾鍋的做法，可令魚肉變得焦脆，增添口感，但不會很油膩，值得一讚。

2024 年 12 月 OPEN

漁序脆魚

址 3/F
時 11:00~21:30
消 ¥77 / 人

由於不能選擇喜愛的魚肉部位，每個部位都會給一點，導致我第一口剛好吃到不爽脆的部位，所以一開始是有點失望。

金椒脆魚鍋（¥129 / 2-3 人份）
乾鍋加了大量花椒，舌頭麻痺的感覺很強烈，但只有微微辣，不會搶過脆肉鯇的鮮味，即使不太能吃辣的也可以一試。

不過後來多吃幾塊，吃到很爽脆的部位之後，我開始改觀。特別是魚骨有預先炸過，很入味。

漁序一鍋鮮（¥68）

魚片、魚丸、沙白蜆、竹笙及番茄，一起加進豆漿裏烹煮。雖然湯底質感很濃厚，鮮味也頗重，味道不錯，喝完更充滿暖意，但豆香味略淡。

自助米飯及飲料區（¥5）

這裏有任添的米飯和飲料，不過飲料質素一般，特別是汽水機選用了不知名品牌。

西Dor小貼Si

離印象城東北面約 1 公里路程，尚有老牌大型購物中心金發購物中心（址：梅界路 237 號）。不過由於商場近年變化不大，亦缺乏特色商戶，加上交通對遊客來說不算方便，在此不作詳細介紹。

新香洲餐廳介紹

翻新後的咖啡店依舊走溫馨鄉村風格，但變得更光鮮明亮，而且擺放了不少巨型盆栽作點綴。

2024 年 4 月 renovate

Echoes coffee 回響咖啡

址 新香洲安景苑 328 號 12

時 11:00~19:00

回響咖啡是珠海近年較受歡迎的網紅咖啡店品牌，至今在珠海有 3 家門店，安景苑店是總店，並於 2024 年 4 月翻新。

店內有一隻哥基狗店長，很喜歡黏着客人。

聖誕版莓莓提拉米蘇（¥48）
雖然這裏的 Tiramisu 口感與坊間的有很明顯分別——中間的手指餅仍然是酥脆的，而不是入口即溶——但不少人包括我在內，都覺得這是珠海最好吃的 Tiramisu 之一。

無論是奶香、雞蛋、咖啡及朱古力的味道均是恰到好處，而且除手指餅外，其他的口感都很綿密，真的不錯。另外不同節日會有不同的期間限定版本，例如到訪當天為 12 月底，就有聖誕限定的莓果版本。

香茅檸檬湯力美式（¥25）
咖啡焦香、香茅香氣與檸檬清香都算合襯。不過由於湯力水本身帶苦味，令這杯咖啡味道偏苦，未必每個人都能接受。

西Dor小貼Si

原本安景苑總店有售賣三文治之類的西式輕食，不過自從該店翻新後就沒有再供應。如果有興趣一嚐這個品牌的其他出品，可以去前文提及過、位於 888 街附近的分店。

該分店面積更大，並設有多張 6 人桌，適合三五知己來用膳。

明記涼茶店

址 梅華街道翠華新村安富街 55 號鋪
時 08:00~01:00

明記涼茶店是一家十分有愛心的街坊涼茶糖水小店，每天下午 3 點至 5 點贈送 50 份糖水給珠海區內長者免費享用。

這裏的糖水不但十分便宜，而且超級足料，更用大碗盛載得滿滿的，CP 值非常高！

海帶馬蹄綠豆沙（¥7）
例如最受歡迎的綠豆沙，所有綠豆已經煮到可以用「體無完膚」來形容，每一口都是沙沙的質感，以及綠豆、海帶及馬蹄的清香。在炎炎夏日吃到這碗冰爽的綠豆沙，真的有透心涼的感覺！

由於糖水均是每日新鮮製作，如果想吃凍的，建議不要太早過來，不然就有可能只吃到剛放涼一點的糖水。

新香洲新商場

2024 年新香洲有兩座中型新商場落成，不過現時入駐的商戶對遊客來說並不吸引，所以在此就只作簡單介紹。

2024 年 5 月 OPEN

珠海佑里・碧樂城

址 明珠北路 37 號

樓高 4 層的碧樂城，與前文介紹的環宇城一樣，均是一座透過天橋與城軌站無縫連接的商場。

雖然這裏沒有環宇城那麼大，而且商戶檔次也明顯較低，不過由於毗鄰的明珠站每日列車班次多，自然也為碧樂城帶來巨大客流。加上這裏離中山坦洲鎮只有一街之隔，也吸引不少居住在坦洲的人過來消費，因此碧樂城的出租率也高，甚至能吸引太二酸菜魚、薩莉亞等較為港澳人士熟悉的大型連鎖餐飲品牌進駐。

2024 年 10 月 OPEN

格創悅里

址 健民路 165 號

由格力集團開發，位於珠海市體育中心旁的格創悅里，原本是以體育中心的商業配套作為定位，並將附設全室內體育館——珠海市全民健身中心。惟因 2024 年年末於珠海市體育中心外發生駕車撞人事件，體育中心於本書截稿時仍處封閉狀態，亦影響到格創悅里的開業計劃。我於 2025 年 4 月到訪時，發現進駐商場的商戶寥寥無幾，甚至有幾家於商場開幕時同步開業的餐廳已告撤出。

雖然格力集團曾是知名家電生產商格力電器的大股東，並且至今兩家企業仍然使用同一商標，但現時兩者並無任何關係。格力電器現為民營企業，而格力集團則仍屬國有企業，在珠海有多個發展項目，除前文介紹的旺角薈及格創悅里，未來尚有大型商業項目漫舒．溪里等。

唐家灣

位於珠海最北邊，與主城區相隔一座鳳凰山的唐家灣，是珠海一個歷史文化底蘊十分深厚的區域。這裏歷史人才輩出，包括中華民國首任內閣總理唐紹儀、清代洋務運動代表人物唐廷樞、清華學校首任校長唐國安等，亦是著名粵劇劇作家唐滌生的故鄉，可謂人傑地靈。若對中國近代史及留學史深感興趣，千萬不要錯過近年在唐家古鎮新建的多座展覽館。

現時的唐家灣又名高新區，除了是不少科技企業總部的所在地，亦滙聚了 4 所高等院校，形成大學小鎮的格局。這裏亦即將面臨翻天覆地的變化，因為計劃中連通深圳與珠海的跨海大橋深珠通道，其珠海出口將設在唐家灣。

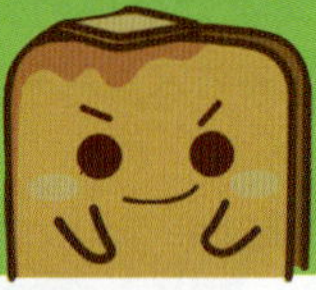

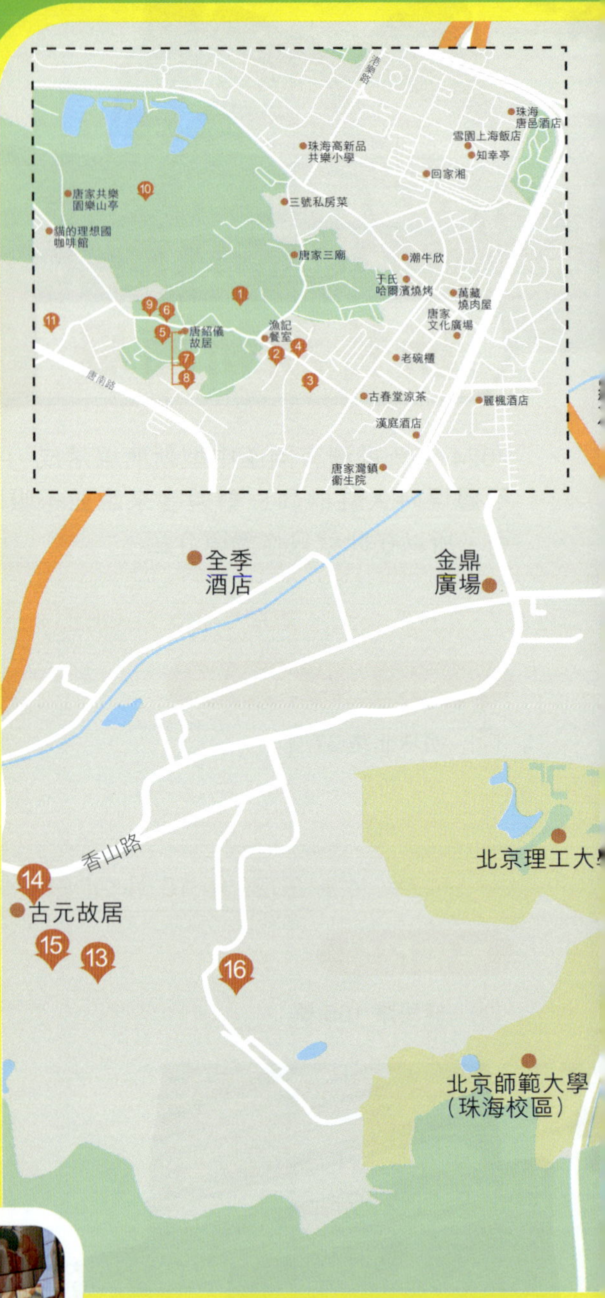

港樂路
珠海唐邑酒店
雲園上海飯店
知幸亭
珠海高新品共樂小學
回家湘
唐家共樂園樂山亭
10
三號私房菜
貓的理想國咖啡館
唐家三廟
潮牛欣
于氏哈爾濱燒烤
萬藏燒肉屋
1
9
6
11
5
唐紹儀故居
漁記餐室
唐家文化廣場
4
2
7
8
老碗櫃
3
唐南路
古春堂涼茶
麗楓酒店
漢庭酒店
唐家灣鎮衛生院
全季酒店
金鼎廣場
香山路
14
古元故居
15
13
16
北京理工大
北京師範大學（珠海校區）

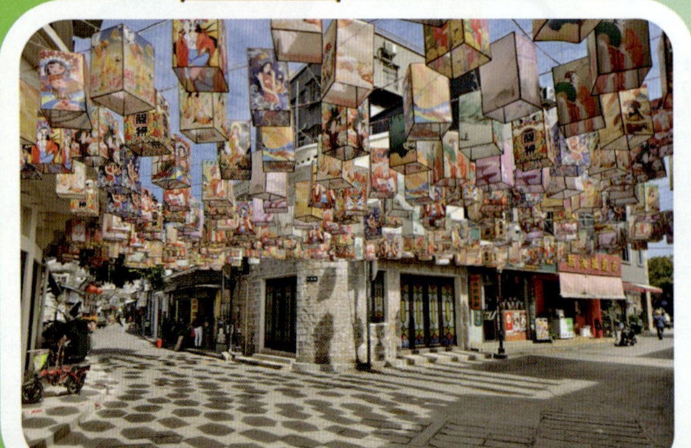

MAP

廣珠城際鐵路

珠海北站

尼工業
園區

12

珠海中山公園

珠海百呈
花園酒店

亞朵酒店

1

20

唐家灣站

17

18

中山大學
（珠海校區）

19

唐家灣沙灘

唐家灣景點列表

1. 唐家古鎮
2. 珠海留學文化館
3. 唐家灣鄉思館
4. COFFEE LAB（唐家古鎮店）
5. 香山悅書齋
6. 簡也
7. 唐家茶果店
8. 唐媽糖水店
9. 無用手工紡織傳習館
10. 共樂園
11. 和記菜館
12. 珠海高新寶龍廣場
13. 那洲綠道
14. 那洲藝術創新園區
15. 老屋咖啡那洲店
16. 會同村
17. 淇澳島
18. 無界書店
19. 偉記私房菜
20. 珠海國際賽車場

唐家古鎮

內地近年掀起了一股古村古鎮活化熱潮，各地紛紛將一些保留了一定數量舊建築的舊村鎮，活化成一個個旅遊景點。而位於高新區的唐家古鎮正是其中一個，也是我覺得最具吸引力的一個。除了因為這裏本身在珠海已有一定名氣，更重要的是這裏曾經名人輩出，具有深厚的歷史文化底蘊。

其中一位生於唐家古鎮的歷史名人是中華民國首任總理唐紹儀先生。古鎮仍然保留他的故居、私人別墅望慈山房以及其私人園林共樂園。圖為望慈山房，現為唐紹儀生平陳列館。

唐家古鎮的活化工程主要是將望慈山房附近多座數十年樓齡的舊建築翻新，及增設兩座展館——珠海留學文化館及唐家鄉思館，引入不少餐飲店。

COFFEE LAB（唐家古鎮店）

址 山房路 17 號

時 09:00~18:00

不拿拿拿鐵（¥19）
即是香蕉味拿鐵，我猜「不拿拿」應該是 Banana 的音譯吧！香蕉味很濃郁，焦香味也很重，兩者結合讓我想起小時候吃香蕉蛋糕的快樂，即使不懂咖啡的我也覺得味道不錯。

唐家古鎮本身帶有很濃烈的文藝屬性，自然吸引不少特色咖啡店進駐。開在唐滌生大戲院旁邊的 COFFEE LAB 是其中一家。

2023 年 7 月 OPEN

香山悅書齋

時 週二至日 10:00~21:00

休 週一

由巨川唐公祠活化而成的香山悦書齋，其實是一座小型的社區圖書館。

由於以古建築改建而成，加上內部傢俬亦古色古香，營造出甚為古雅幽靜的閱讀環境。

由於中國近代首位留學美國之學生容閎先生為珠海人，而其他早期的留學生亦較多來自珠海，譬如唐紹儀先生，所以珠海在此設立留學文化館，以茲紀念。

2023 年 12 月 OPEN

珠海留學文化館

址　山房路 19 號

費　免費入場

展覽除介紹容閎赴美之艱辛，亦有較多篇幅講述他如何促成清政府的留美幼童計劃。最終共有 120 名幼童，分 4 批赴美留學，包括 84 名廣東籍幼童，其中 24 名為珠海籍。

展館共三層高，其中一二樓為常設展覽。首層主要講述明清時期的珠海地區，由於與澳門相鄰，逐漸成為中西文化的重要交滙點。

雖然到了 1881 年，清廷調回大部分出洋學生；但他們歸國後，仍然成為影響近代中國社會轉型的一股重要力量。

「中國鐵路之父」詹天佑先生便是首批留美幼童之一。他在美國耶魯大學修讀土木工程鐵路專業，最終將興建鐵路的技術帶回中國。

展館二樓集中介紹多位曾經到外國留學，而且在歷史上舉足輕重的珠海名人。

展覽最後以一棵投影着珠海各個留學家族姓氏的樹作結，寓意薪火相傳，開枝散葉。

兩層高的唐家灣鄉思館，顧名思義介紹唐家灣的歷史及文化。各層分別有兩個常設展覽。

下層第一個展覽，講述唐家灣從石器時代至今的歷史。

2024 年 9 月 OPEN

唐家灣鄉思館

址 山房路 11B 號
時 09:00~18:00
費 免費入場

第二個展覽講解唐家灣各古村古鎮內的古建築特色及工藝。

上層其中一個展覽為唐家灣名人堂，介紹各個唐家灣籍歷史名人的成就。

另一個展覽是唐家灣民俗文化，講述唐家灣的各種習俗。

展館面向山房路的外牆掛滿多排燈籠，入夜亮起後是很受歡迎的打卡點。

當中部分風俗與香港雷同，例如大時大節及喜慶日子會吃「九大簋」。

近年內地流行國潮奶茶，幾乎每個城市都有自己的國潮奶茶品牌，而珠海代表則是這家已有 10 間門店的「簡也」。

2023 年 6 月 OPEN

簡也

址 山房路 76 號
時 09:30~21:30

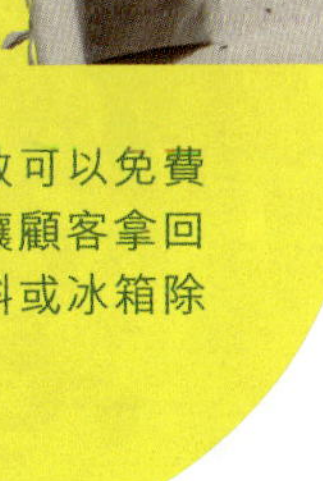

為了證明它的茶底是使用茶葉來沖泡，簡也每家門店在收銀處旁均擺放可以免費領取的茶渣，讓顧客拿回家當作花草肥料或冰箱除味劑等。

部分門店外設有許願牆，並出售許願牌，讓顧客寫下願望祈福。

唐家灣店是眾多門店中最特別一家，設於一棟獨棟建築內，2 樓有一個大露台，可以看到周邊古建築的瓦片屋頂，包括之前介紹的香山悅書齋。

你甚至可以以這些瓦頂作背景，拍些效果不錯的打卡照。

客家英紅（¥15）

雖然珠海並非客家人聚居的地方，而簡也的老闆也非客家人，而是湖南人，但這裏有不少產品都與客家有關，例如最招牌的奶茶客家英紅。

選用清遠英德的英紅紅茶，配搭內地近年很流行的濃縮鮮牛奶「冰博克」，奶味的確比坊間奶茶濃厚；不過我覺得茶底味道偏苦澀，茶味也不夠濃。

據說是唐家古鎮上的一家老字號，所有茶果均是用傳統方法手工製作。

唐家茶果店

址 山房路 209 號
時 09:00~18:00

甜豆沙茶果（¥4）
茶果之中，最受歡迎的是甜豆沙餡。以竹葉包裹，所以糯米外皮也吸滿竹葉的清香。

我一直對豆沙餡不太感興趣，因為以前吃過的大部分口感都很粗糙。但這裏的出品極度幼滑，可媲美芋泥，而且紅豆味超級濃郁，讓我重新愛上豆沙餡。

蘿蔔糕（¥4）
不過這裏最受歡迎的反而是蘿蔔糕，分量很多很足料。表面鋪滿蝦米、臘肉碎及葱花，每一口都香氣十足！

更重要的是選用很清甜的蘿蔔，分量也多，你甚至可以見到一絲絲的蘿蔔絲呢！

椰汁千層糕（¥5）
比坊間的椰汁糕更為爽口，但仍然有種入口即溶的感覺，口感近乎完美！當然椰汁香氣也超級濃郁，非常好吃。

共樂園

址 山房路 234 號
時 08:30~18:00

在山房路另一端是共樂園，它曾是唐紹儀的私人園林，始建於 1910 年。自 1932 年唐紹儀將其贈予唐家村村民後，便成為免費開放的公園。

由於公園已有過百年歷史，所以這裏有不少過百年的參天大樹，置身其中頗有身處森林間的感覺。

園內有不少古建築，其中最吸引我的是這座可以入內參觀的「觀星閣」。

天台中央的圓型位置有「回音壁」效果，站在正中央大叫，就可以聽到很強的回音～音～音～音～

這座外形奇特的磚塔，其實是古時候用來飛鴿傳書的信鴿巢。建築帶有尼泊爾風格，在全國十分罕見。

和記菜館

址 山房路龍慶山村 34 號
時 11:00~13:30、17:30~19:30

和記我前後吃了兩次，第一次去吃是7年前，當時頻道剛開始拍攝珠海影片，眾多澳門和珠海的朋友隨即留言叫我一定要去試試這家餐廳。

事隔7年再次到訪，門店裝修依舊保持當年的簡樸風格，木製招牌跟門外的綠植樹木搭配得非常有味道，庭院頂部簡單地搭著綠布，桌椅也是木製的。不過現在的價錢大幅加價，CP值沒有以前那麼驚人。幸好菜品的整體水平仍保持到，加上對旅客來說價錢仍算吸引，所以也推薦給大家。

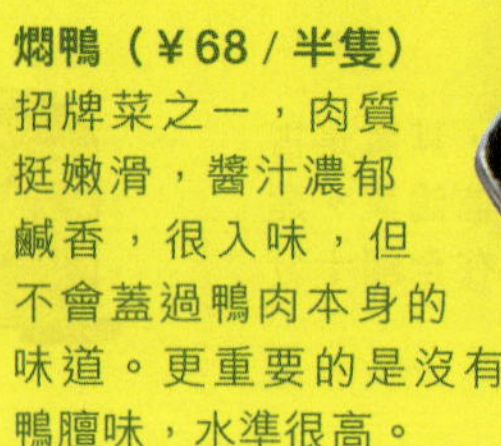

燜鴨（¥68 / 半隻）
招牌菜之一，肉質挺嫩滑，醬汁濃郁鹹香，很入味，但不會蓋過鴨肉本身的味道。更重要的是沒有鴨膻味，水準很高。

蜜汁碳燒叉燒（¥58）

主要以蜜汁調味，而且帶有淡淡的碳烤風味。跟內地大多數餐廳一樣選用五花肉製叉燒，因此肥肉比例較高，要搭配青瓜一起吃才不會覺得膩。

當然如果喜歡吃肥肉的人就會覺得很棒，入口即溶，油脂香味令人回味無窮。

炸陳皮排骨（¥68）

將排骨切成小塊，再加入陳皮一起炸，脆香可口。鹹得來帶點果香味，甜甜的，味道有點像西檸骨卻又完全不酸，挺有趣。

西Dor小貼Si

唐家古鎮除了最主要的山房路，尚有不少橫街，深藏着一些古蹟景點，例如古圍牆等，可供遊客漫遊探秘，仔細逛的話大概可以逛上一整天。由於篇幅所限，這裏就不作深入介紹。

唐媽糖水店

址 山房路 89 號
時 10:00~22:00

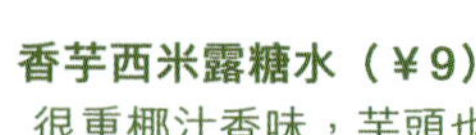

香芋西米露糖水（¥9）
很重椰汁香味，芋頭也粉糯，而且十分足料。另外雖然是遊客區，價格對比珠海其他地方略高一點，但對旅遊來說仍然比較低廉。

招牌冰鎮雞腳（¥25）
不過這裏最受歡迎的不是糖水，而是雞腳。冰鎮過的雞腳十分爽口，味道酸辣入味，連骨頭也香，但不會很辣，相信絕大部分人都能接受。

在唐家茶果店旁邊的小巷，正是唐紹儀故居的所在地。不過故居現時仍為私人物業，故未能進入參觀。而在故居對出，是古鎮另一家老字號唐媽糖水店。

無用手工紡織傳習館

址 山房路玉我唐公祠

這是由一家手工紡織品店所開設的展覽館，除了有售賣紡織品，亦有詳細介紹各種紡織品原料及手工製作的古代器械。

大部分展品都擺放得很有美感，是很歡迎遊客來打卡的地方。

附近餐廳

知幸亭

址 港灣大道港灣 1 號港 8 樓下玻璃亭
時 11:00~20:00

原本見這家店的出品定價偏高，我也猶疑是否要跟大家介紹，但是試吃之後，發現出品精緻，味道不錯，對得起它的價格；加上這裏的環境很有格調，因此還是花點篇幅寫寫它吧！

由唐家第二工業園改建而成的港灣 1 號科創園，園內有兩間設計獨特的玻璃屋，其中一間有一家高檔甜品店進駐。

玻璃屋呈不規則形狀，而且建在水池上，充滿後現代主義色彩。加上周邊經常噴出煙霧水氣，令庭園恍如仙境一樣。

在庭園的其中一邊，除了擺放了富設計感的桌椅，亦掛了數幅多媒體藝術品，增添了幾分科幻感。

草地上的「石板」小徑，仔細一看其實是鏡子來的。

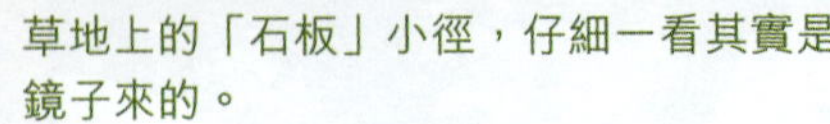

這裏的甜品同樣充滿設計感，而且不少是採用亞洲食材製作，很有新鮮感。當品嚐過之後就會明白，為何這裏的甜品定價如此進取，因為真的是一分錢一分貨。所有甜品均以多款食材製作，加上用料較佳，口感輕盈幼滑，水準甚至比部分五星級酒店的出品還要好！

暗香（¥60）
主要食材為斑斕葉、貓山王榴槤、生椰奶、紫米、花生等。

林中酸野果（¥65）
主要食材為開心果、鹽之花、士多啤梨、覆盆子、酸奶、薄脆片等。

鳳梨接骨木冰美（¥23）
相對於定價較高的甜品，這裏的咖啡算是親民，而且賣相同樣很適合打卡。

珠海高新寶龍廣場

址 金峰北路 88 號

2021 年開幕的珠海高新寶龍廣場，連同地庫超市共有 5 層，另外還設有天台花園及戶外步行街區「澳門街」（雖然進駐的商戶均不是來自澳門），是現時唐家灣最大的商場。

2023 年 1 月 OPEN

探粵者

址 4/F
時 11:00~14:00、17:00~21:00
費 ￥71 / 人

話說我吃完這家餐廳出來才發現，餐廳門外有一塊小石碑，上面印有在深圳及珠海不少商場均有開設門店、主打乳鴿的餐廳「金光鴿王」Logo。於是好奇問一下店員，才知原來這間餐廳是金光鴿王旗下的副品牌，難怪這裏最受歡迎的菜品是乳鴿。

招牌水晶雞（￥78 / 半隻）
由於這裏的乳鴿品質跟金光鴿王的差不多，這裏就不介紹了，反而想跟大家介紹另一項主打菜品——水晶雞。雖然這道水晶雞並非香港常見的白切雞做法，而是帶有湯汁，不過雞肉嫩滑結實，雞味很重，明顯選用了走地雞；加上十分入味，但不會過鹹，水準不錯。

這裏 ￥3 的茶位費以商場餐廳來說並不貴，而且提供的是八寶茶，更送一小碗糖水。

那洲綠道

址 金峰北路 88 號

那洲綠道原是那洲村與會同村之間一條長約 3 公里、沿那溪河畔而建的小徑。及後於 2021 年升級成瀝青鋪砌的單車及人行道，並延伸至長 10 公里的閉環路線，將周邊其他村莊也串聯起來。不過名氣最大的依然是那洲與會同兩條村，所以就跟大家介紹一下由那洲經綠道前往會同期間會經過的幾個重要景點。

2024 年 7 月 OPEN

那洲藝術創新園區

前文介紹過近代著名藝術家古元為珠海那洲人。基於這個背景，近年那洲銳意發展成藝術村，名為「那洲藝術創新園區」，以吸引當代藝術家在村內成立工作室。

在鄰近那洲村口的廢棄五金廠房遺址，現正準備改建為多功能空間，將會為園區補充接待、餐飲、文創展示、畫家工作室等功能。工程預計在 2025 年 8 月全部完成。

我於 2024 年年底到訪時，就發現已開放了古元美術館那洲分館。

該館面積不大，暫時只有一個展廳，主要用作舉辦期間限定的藝術展覽。

也有擺放這些藝術家的作品集供顧客閱覽。

旁邊還有一家充滿藝術感的咖啡店，店內掛滿現時已進駐那洲的藝術家作品。

2023 年 9 月 OPEN

老屋咖啡那洲店

址 那洲五村 57055 號
時 09:30~18:30

老屋咖啡是珠海一個有 11 年歷史的咖啡品牌，總店位於後文介紹的會同村內。之所以叫做「老屋」，是因為會同總店正是開在一間青磚瓦頂的古屋內。

幸好這家分店位處郊野之中，被綠色環繞，我覺得環境比總店更為明亮舒適。

而那洲分店卻是開在那洲綠道上一間新建的玻璃屋內，有點名不副實 XD。

這裏更有不少戶外河畔座位，可以進一步貼近大自然。

冰磚拿鐵（¥38）

這裏最特別的咖啡是這款冰磚拿鐵。冰磚以齋啡製作，配以一大瓶鮮奶，顧客可按照個人口味倒進冰磚裏。

這樣的好處我想是就算冰磚融化，也不會使咖啡味道變淡，甚至會隨時間變得越來越濃呢！

培根歐姆蛋芝士薄餅（¥45）

除了咖啡，這裏也有供應一些西式輕食，例如這款薄餅。餅皮非常香脆，中間夾着煙肉、炒蛋、芝士及蜜糖芥末醬，味道還算不錯。不過始終是郊野中的旅遊景點，我覺得價格稍貴了一點。

會同村

近 300 年歷史的會同村，是珠海現時保存得最完整的嶺南古村，亦是叱咤香港政商界的莫仕揚家族的故鄉。

北碉樓（雲飛樓）除了可作防禦，亦具報時功能。

會同村整體為「三街八巷」棋盤式格局，大部分為青磚灰瓦的嶺南民居風格建築，整齊劃一。更有南北兩座具標誌性、風格截然不同的碉樓。

只有兩層高、較矮的南碉樓（風起樓）則為半圓弧形設計。

想進一步了解會同村的歷史及未來發展的話，可以參觀原為莫氏大宗祠，於 2021 年翻新的會同村史館。

而與雲飛樓相鄰的會同祠，現時變成前文有介紹過的閱．潮書店。

村內亦有不少各具特色的咖啡店，當中包括老屋咖啡的總店，可以在古宅內品嚐咖啡。

同心泥煀雞（¥98）
會同村內有不少主打泥煀雞的餐廳，其中以「同心泥煀雞」名氣較大。雖然並沒有後文介紹的斗門接霞莊般遠近馳名，但我覺得荷香十足，更加好吃。

無論是綠道、那洲村或會同村裏，都沒有共享單車的停泊點。如果想踏共享單車漫遊，只可以在附近大馬路租借。

由綠道通往會同村會經過一棟百多年歷史、由莫仕揚之孫富商莫泳如所建的古建築——棲霞仙館。該建築已荒廢多年，是傳說中中國三大鬼宅之一。

會同村旁為北京師範大學及香港浸會大學聯合開辦的北師香港浸會大學（成立於 2005 年，原名 UIC，2025 年 3 月更名為 BNBU）的新校園，是內地首家與香港高等學府合辦的大學。新校園一、二期分別位於會同村南及北邊，形成包圍之勢，所以在會同村內會經常碰到大學生。

唐家灣餐廳及景點介紹

偉記私房菜

址 大學路中裕公寓斜對面
時 11:00~14:00、17:00~21:00
費 ￥87 / 人

唐家灣南邊的雞山村，是一條著名的美食村。村內開設了不少特色老字號私房菜，偉記是比較著名的一家。

蟹王雞（￥138）
讓偉記名震珠海的菜品，很有創意地將蟹和雞以砂煲烹煮，讓雞肉吸收蟹肉的鮮味，蟹肉則增添雞肉的香氣。

不過一分錢一分貨，價格這麼便宜有蟹又有雞，就不要期望用料會很好。蟹有少許蟹膏，但整體不算很鮮甜，肉也不多，所以雞肉只有很輕微的蟹味。

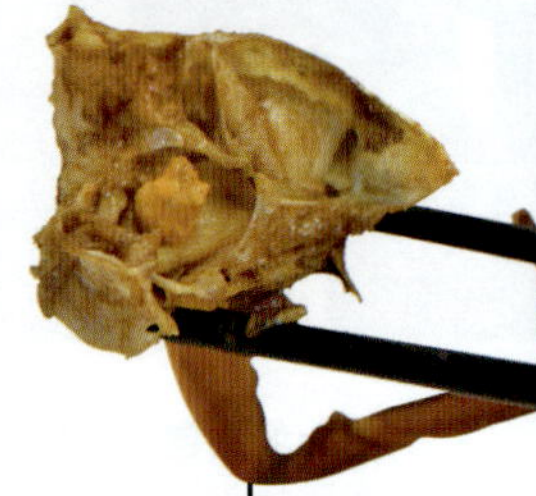

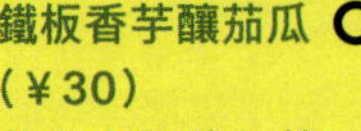

鐵板香芋釀茄瓜（￥30）
茄子中間釀入芋泥，加上以鐵板方式烹調，口感綿滑中帶點焦脆，非常好吃！

淇澳島

淇澳島是珠海其中一個著名景點，雖然人口稀少，但島上風光優美，加上有公路橋與唐家灣相連，以往每逢週末及假日吸引不少遊客到訪，導致島內經常嚴重交通擠塞。不過自從 2024 年年初島上大部分道路完成了擴闊工程，塞車問題已大大得到舒緩。

整個島可以分為南北兩大區域。北邊為紅樹林濕地保護區，是全國面積最大的紅樹林之一。不過進入該區需要提前至少一天到微信公眾號預約。

淇澳島面積頗大，約有 23.8 平方公里，因此島上大部分可租用的遊覽車均為電動的，價格亦較其他旅遊區的稍貴，圖中這輛費用為首小時 ￥60。

南邊為淇澳村，是一條類似香港大澳、長洲的小村落。最主要的街道是白石街，街上商舖大多售賣當地特產，如乾貨海味等。

提提各位如想感受淇澳島的鄉郊風光就要快點來了，因為這裏可能要迎來翻天覆地的變化！事緣計劃中的「深珠通道」（即深圳至珠海的跨海大橋）珠海方登陸點將設在淇澳島上，相信屆時島上會有不少大型基建項目動工，或多或少會影響到淇澳島寧靜的環境。

無界書店

址 情侶北路格力海岸濱海商業 1 棟 3 樓

時 09:30~21:30

位於情侶路旁的格力海岸小鎮，是唐家灣另一個較大型商場。商場有兩間具特色的商戶：無界美術館及無界書店。不過我曾兩次到訪美術館均「摸門釘」，網上亦未見任何人介紹該美術館，懷疑已不再開放。

幸好連通美術館與商場中庭的白色旋轉樓梯仍在，可以過來打打卡。

香橙瑪麗 Soda（¥26）
這裏的飲品味道一般，價格也不算便宜，所以就不介紹了。

另一家特色商戶為無界書店。

書店附設的咖啡店有一個很廣闊的空間，其中一邊是一排階梯，另一邊則是一排大型窗戶，並設有一排吧台座位。

這個空間面朝大海和海濱公園，可以一邊閱讀，一邊看海，十分寫意。

珠海國際賽車場

址 哈工大路與金唐東路交叉口

時 09:00~17:00

1996 年落成，位於唐家灣站附近的珠海國際賽車場，是內地首個符合國際汽車聯盟一級方程式標準的國際級賽車場，不過場地只於舉辦比賽期間才會開放。另外旁邊還有戶外小型賽車場（卡丁車 / 高卡車），要到達大門後再致電門上電話才能入場體驗。據店家回覆，費用為 ¥100 / 8 分鐘，身高 1.5 米以上才可參與。

南灣其實是南屏、灣仔、保稅區、十字門中央商務區等前山河西岸各地的合稱。雖然在不少珠海老一輩本地人眼中南灣屬於郊區，但不可否認的是這裏近十多年來的變化可以以翻天覆地來形容。現時這裏除了有珠海首批大型商場之一的珠海華發商都，亦有最著名的網紅文藝地標北山大院，以及大灣區西岸規模最大的會展中心，吸引不同喜好的旅客到訪。

另外鮮為港人所知的是，灣仔海鮮街對出的灣仔碼頭，亦有渡輪可直達澳門十六浦附近的內港碼頭，每半小時一班，船程僅需 5 分鐘，方便住在南灣多間奢華酒客的遊客前往澳門半島旅遊。

北山社區公園
珠海大道輔路
香洲社區公園
燕園
山葵說烤肉
楊匏安紀念公園
山喃
珠瓏入水
喆文創商店
寶藏綠洲
楊匏安陳列館
Bake Bee
燦記
悅爾炸豬排
山房隱味
庭燎文化藝術工作室
YDM
醫帝廟涼茶
米丹PHO MI
順鮮刺身
北山牌坊
朱珍妹雞煲火鍋
如家酒店
北山茶果
南灣北路
居味順德人家
馬
灣仔站
全季酒店
昇秀二路
銀灣路
珠橫城際鐵路
會展一路
3
十字門華發商都二期
珠海國際會展中心
珠海國際會議中心
華發琴澳新城
會展五路
十字門站
會展四路
珠海瑞吉酒
珠海市十字門小學
珠海華發喜來登酒店
寶盛路
通航一路

MAP

華發新城
中安世紀廣場
澳門回歸紀念公園
廣珠城際鐵路
珠海華發商都
夏灣購物市場
珠海市中西醫綜合醫院
珠海站
珠海明德醫院
世紀城華發新天地
G94珠三角環線高速
聖若瑟大學
香山小廚
珠機城際鐵路
澳門
珠海市灣仔中學
白鴿巢公園
灣仔北站
大三巴牌坊
灣仔上海灘
珠海輪渡
尋味茶餐廳
玫瑰聖母堂

南灣景點

1. 北山大院
2. 灣仔海鮮街
3. 十字門華發商都
4. 阿九食店
5. 羅記家常菜

北山大院

址 南屏鎮北山路

原名「北山鄉」的北山大院，始建於北宋年間（約 1100 年前），現時仍保留不少清末民初嶺南風格的古建築。2007 年開始進行活化，期望開發成文創園區。唯早期發展較為緩慢，至近年有多間網紅餐飲進駐後，才正式迅速發展。現已成為珠海最著名的網紅文藝地標。

據了解北山大院的朋友向我透露，這裏近年之所以蓬勃發展，是因為吸引了不少澳門人過來投資及創業，亦帶來了很多創新意念。因此我覺得這裏的餐飲也曾是全珠海最國際化的地方（最近被後文介紹的橫琴華發商都超越了），開設了多家主打世界各地美食的網紅餐廳，當然也包括澳門美食。

亦由於這裏在網絡上極具人氣，不少新餐廳會選擇以此作落腳地，因此我幾乎每個月來都會發現有些新店開業。不過這裏的餐廳普遍追求網紅效應，儘管擺盤較精緻，但定價大多存在虛高問題，而且出品水準一般，CP 值不高。

整個北山大院設有多個出入口。由於這裏佔地面積頗大，街巷錯綜複雜，初次到訪容易迷路，如欲光顧某家商戶，建議使用內地地圖 App 尋路，並由最近的出入口進入，會較容易找到商戶。

這裏佔地面積頗大，可以在此花費一整個下午，探索橫街窄巷。而因為仍然保留古時北山鄉的街巷脈絡，所以像個巨大迷宮，一不小心就會迷路。為了方便遊客，商家紛紛在各個路口設立巨型且色彩繽紛的招牌及指引牌，令北山大院甚具歷史氣息的同時亦充滿時尚活力。

這裏的形態有點像深圳的南頭古城，均是由城中村發展而成的旅遊景區，現時仍有不少居民在此居住。所以在探索橫街窄巷的途中，往往會走到仍然保有生活氣息的地方。

悅爾可説是北山大院最早的網紅店之一，早在 2011 年開業。老闆是澳門人，據説是北山大院近年蓬勃發展的主要推手之一，亦是下文介紹的另一家人氣網紅餐廳燦記的老闆。

悅爾炸豬扒

址 北山正街 47 號 D 舖之一
時 11:00~21:00
費 ￥56 / 人

大大粒梳乎厘西多士（￥22）
與傳統西多士的分別除了是變成長條磚塊狀，麵包也吸滿蛋液後才拿去炸。單論麵包其實不俗，十分鬆軟，蛋香味濃。

不過由於淋上大量煉奶及花生醬，再配以兩大塊牛油，所以西多士不夠香脆，整體也偏甜，吃一塊已經有點膩。

幸好咖喱汁香濃，配搭豬扒很不錯。

日式咖喱炸豬扒蛋包飯（里脊肉 ￥48）
平心而論，￥48 一份日式咖喱炸豬扒蛋包飯是便宜的。豬扒夠嫩，不過口感偏軟，豬肉香氣較淡。

上菜時會配一碟白芝麻，給食客自己動手磨碎，再倒點秘製豬扒醬，蘸着豬扒吃，不但酸酸甜甜很重芝麻香氣，亦帶些許果香，讓豬扒味道得以昇華，還算不錯。

燦記・海南雞飯

址 北山正街 47 號之 6 號
時 11:00~21:00
費 ￥54 / 人

主打海南雞飯的燦記，可說是現時北山大院人氣最旺的餐廳之一，甚至在拱北口岸及珠海站旁邊商場內，已有人開設名字類近的海南雞飯餐廳。

半隻海南雞（￥78）
由於點半隻海南雞就會送一碗油飯，所以一坐下店員就推薦食客點半隻。

門店面積較小，坐得不算舒服。

雞味很重，肉質很結實，像走地雞，不過不夠嫩滑，調味稍為鹹了一點，前文介紹的小紅記出品會更為出色。

配有四種東南亞風味醬料，比平常多了一款。多出的是綠色的香茅醬，酸酸辣辣，挺特別。

2024 年 1 月 OPEN

珠瓏入水・手作糖水

址 南屏鎮北山正街北四巷 9 號之九
時 12:30~23:00
費 ¥29 / 人

主打糖水的珠瓏入水，可說是整個北山大院最經常做推廣的餐飲店之一，無論是內地還是港澳人士使用的社交平台，經常會看到它的推廣貼文。因此雖然北山大院門店面積頗大，座位以糖水店來說十分多，但我每次下午時段經過，總會見到座無虛席。

大滿貫芋圓斑斕凍（¥26）
這家店一直以「芋圓」作為招牌，店內及網上不少宣傳亦強調它主推「手搓芋圓」。不過這裏的「芋圓」並非淡紫色，而是橙黃色，吃起來有淡淡的番薯味。其實以番薯製作類似「芋圓」的食品，按理應該叫做「地瓜圓」吧！既然未能釐清它們的招牌甜品是甚麼，我就暫且不作評論，留待讀者判斷了。

米丹 PHO MI・越南河粉

址 北山村北山正街 68 號
時 10:30~21:30
費 ¥52 / 人

據說是由越南人開設的越南河粉店，到訪當天也遇到一位操越南口音普通話的主管負責收銀。由於她的口音比較重，當時其實不是太聽得懂她在說甚麼 XD。

越南熟牛肉河粉（¥36）
這碗牛肉河的定價，以旅遊景區來說實屬便宜。始終一分錢一分貨，牛肉雖然口感嫩滑，但牛肉香味略淡。

不過牛骨清湯鮮味十分濃郁，配搭大量的洋葱能突顯湯底的鮮甜，令人欲罷不能！加上河粉口感滑溜，米香味濃，因此仍然值回票價。

越南檸葉蝦薄餅（¥23）
在大塊的紫菜上鋪上薄薄一層蝦膠，蘸上炸粉再拿去炸，口感香脆，鮮味十足！不過只有 6 小塊，而且真的太薄了，CP 值沒有牛肉河那麼高。

燕園

址 北山正街北三巷 20 號 B 座之一商舖
時 11:30~14:00、17:30~21:00
費 ￥235 / 人

北山大院的古建築大多被活化成餐飲店，當中較多為高檔私房菜餐廳。燕園是人氣較高的其中一間。

為配合優美環境，餐廳絕大部分菜品均非常精緻。部分上菜時更會有表演環節，諸如點火、遠距離倒湯等等。

餐廳環境古色古香，並且均為獨立包房，可以在高私隱度的寧靜空間內品嚐菜餚。不過如果人數少又沒有提早預訂，有可能需要與其他食客共用一間包房。

始終這裏人均消費不算太離地，而且在這種優美的環境下，可以享用如此精美的菜式，大家就不要期望過高，我想較適合只想找個優雅的地方用餐的人。

北山大院是珠海著名的酒吧街，有不少別具特色、大大小小的酒吧。當中最特別的是 YDM 醫帝廟涼茶，是由醫帝廟改建而成，門上石匾仍然保留着「醫帝廟」三字。

YDM 醫帝廟涼茶

址 北山正街 78-5
時 11:00~18:00、19:00~02:00

店內一個不起眼的角落有一塊乾隆年間北山鄉民集資的石碑。由於這裏是楊氏聚居的地方，碑上鄉民大多姓楊。

在這裏喝酒充滿儀式感。店員會先拿着一個仿古木製藥櫃過來，從裏面取出壓縮毛巾及茶杯，然後用茶壺倒點水給客人。

另外還有一個「小藥包」，裏面其實是一些堅果。

水果不焦慮（¥98）
這裏主打各式雞尾酒，造型大多很別緻。例如我點的這杯水果不焦慮，杯上有一大朵雛菊，旁邊還有一個葫蘆造型的小瓶。

瓶內裝着氣泡酒，調酒師建議可以先單獨喝大杯的，品嚐鐵觀音金酒與芒果等碰撞出來的香氣；然後再倒入氣泡酒，將冰爽的沙冰轉化為綿密的口感。

酒吧最神奇的地方就是下午也有營業，不過該段時間不賣酒，而是賣很符合醫帝廟定位的產品——涼茶！因此即使你不懂喝酒，也可以在下午進去參觀一下，順便很 Chill 地歎涼茶 XD。

清熱五花茶（¥15）
涼茶更用上茶盅盛載，很適合打卡。不過這裏始終並非正式的涼茶舖，涼茶味道偏淡，價格也不便宜，就當作是進去打卡的入場費吧！

在醫帝廟旁的山房隱味，是一家主打新派台式牛肉麵的麵館，亦是北山大院多家人氣餐廳之中，我認為出品較具水準的一家。

山房隱味・台式古早牛肉麵

址 北山正街 78 號之七

時 週一至五 11:30~14:30、17:30~20:30，週六日 11:30~15:00、17:30~21:00

費 ¥56 / 人

麵館面積不大，而且有點像日本拉麵店的格局，大部分為圍繞廚房而設的吧台座位。

牛筋入口即溶，隨即化成膠質，讓香氣可以在口腔內留存更長時間。

大隱三重奏（¥68）
三重奏即牛肉、牛筋及潮汕牛肉火鍋常見的牛胸油。當中牛肉質素很高，牛肉香味及滷汁香氣均非常濃郁，口感軟嫩又不失彈性，很好吃。

牛胸油上桌前，廚師會用火槍在客人面前將其燒熟。

就連湯底也十分鮮美，略帶甜味，令人想一喝再喝！加上麵條彈牙，水準很不錯。

由於該軟組織富含脂肪，經高溫炙燒後，油脂融化，口感又脆又彈，更有爆汁效果，然後整個嘴巴都充斥着油脂香氣，非常滿足！

作為網紅文創園區，北山大院當然有不少咖啡店，喆文創商店是其中一家較具特色的。這裏主打粵式創意咖啡，例如有八寶茶龜苓膏美式、潮汕糖葱摩卡、梅州薑糖拿鐵等。

既然叫做文創商店，這裏有售不少文創精品，特別是以首飾類為主。

2023 年 3 月 OPEN

喆文創商店 CHITSTORE

址 北山北街 13 號 101 舖

時 10:00~19:00

雖然這裏有閣樓，卻常被手作工坊體驗班佔用。而樓下只有約十個座位，以致顧客經常沒座位坐。

新會陳皮摩卡（¥28）
表面放了一大塊類似陳皮的果皮乾，但其實只是經簡單曬乾的柑皮。不過據店員介紹奶蓋上的啡色粉末是陳皮粉，攪拌後再多喝幾口，果皮香味會越來越濃，配搭摩卡有點像在喝香橙味的朱古力。

2023 年 5 月 OPEN

山喃 WHISPER GELATO & COFFEE

老店　北山正街北三巷三號 105 號
新店　北山正街 56 號
時　11:00~22:00

山喃現時在北山大院共有兩家門店，最明顯的分別是老店有兼售咖啡，而新店則為氣泡水。

老店共兩層高，樓上除了普通座位，亦設有兩張懶人梳化，可以躺在那裏舒舒服服地吃雪糕。

主打 gelato 的山喃，有十二款口味可供選擇，而且每天供應的口味也有些不同，給予顧客新鮮感。

標準杯（￥28）

這裏最招牌的口味是開心果味，當天剛好有兩款開心果味 gelato，所以點了一個可以選 2 種口味的標準杯。杯裝的雪糕上面倒插着一個迷你雪糕筒，很可愛。

新店門面較大，裝修較新潮明亮，不過 gelato 每天只有 8 款口味供應，選擇較少。

雪糕口感十分綿密，甚至是我近年在內地吃過最高水準的 gelato！啡色的是西西里開心果，堅果香氣超濃郁，而且帶有一股焦香味。

而綠色的是伊朗開心果，堅果香氣略淡，但更為香甜。

2024 年 6 月 RELOCATE

北山茶菓店

址　南街 15 號
時　08:30~19:00

刺筍糊（¥15）
刺筍又名白勒或五加皮，據說有清熱解毒的功效。以其汁液製作成一碗極度濃稠、啡綠色的糊。其濃度之高，幾乎已成固體，質感介乎芝麻糊與雙皮奶之間。

雖然刺筍糊甜度甚高，但由於刺筍本身味道極苦，甜味未能有效掩蓋苦味，所以未必每個人都能接受。不過亦由於帶有超強烈的回甘，吃完之後滿嘴甘甜，會覺得嘴巴和喉嚨都很舒服。

以往這家店開在北山大院人流比較旺的位置，不過由於近年舖租越來越昂貴，這家店在 2024 年年中搬到橫街窄巷裏，即使依照地圖 App 導航仍需要花點時間尋找。這裏除了有賣茶果，亦有賣一款甚具珠海特色，卻又買少見少的甜品——刺筍糊。

2024 年 2 月 OPEN

BAKE BEE 法式烘焙坊

址　北山北街 4 號
時　10:00~20:00

焦糖蛋撻（¥10）
雖然賣相不算美觀，而且有點小，不過焦糖及牛油香氣很濃郁，撻皮也很酥，只是當天這個有點放涼了，所以香脆度稍為遜色，但仍然是珠海眾多酥皮蛋撻之中酥皮做得較為出色的一個。

蛋漿比例較少，所以蛋香味也較淡，如果蛋撻可以做大一點，讓人更能品嚐到蛋漿的味道，應該會更好吃。

一間很隱世的小小麵包店，位處一條人流稀少的小巷子內，附近亦沒有其他做遊客生意的店舖，但由於出品不錯，依然能吸引不少人特意過來光顧。

附近商場

珠海華發商都

址 珠海大道 8 號

在北山大院正對面，2014 年開業的珠海華發商都，是珠海第一座名為「華發商都」的商場，與富華里同屬珠海首批大型商場。這裏入駐的絕大部分為大型連鎖商戶，令商場除建築結構外，欠缺獨特之處。不過始終這裏是香洲區數一數二的大商場，加上地理位置優越，依然能吸引巨大客流量，是珠海人流最旺的商場之一。

雖然珠海華發商都定位較為高檔，但日常維護還有改進空間。例如原本天幕入黑後有 LED 燈光效果，組成不同動畫，不過由於日久失修，不少 LED 已告損壞，令動畫出現「花屏」。

商場由 A 至 D 館組成，其中 A 至 C 館各樓層均無縫連接，形成一條長形走廊。當中 A 及 C 館為室內商場，而 B 館則為半露天設計，設有長達 340 米的天幕。由於該區域甚為狹長，能有效困住出風口的冷氣，即使是大熱天，身處地面部分仍能感受到陣陣涼意，比起其他露天設計的商場較為舒適。

2023 年 4 月 RENOVATE

灣仔海鮮街

珠海有兩個著名的海鮮市場，灣仔海鮮街是其中一個（另一個是後文介紹位於斗門區的白藤頭）。由於這裏歷史悠久，配套設施較為殘舊，因此在 2023 年進行了翻新升級工程。

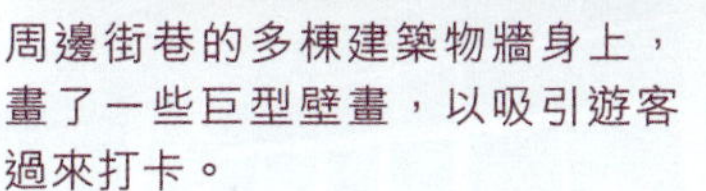

周邊街巷的多棟建築物牆身上，畫了一些巨型壁畫，以吸引遊客過來打卡。

升級後的海鮮街，除了更整潔明亮，亦增設了海味中心、手信街等區域。

鮮為港人所知的是，灣仔海鮮街對出的灣仔碼頭，設有渡輪可直達澳門十六浦附近的內港碼頭，每半小時一班，船程僅需 5 分鐘，方便住在南灣多間奢華酒客的遊客前往澳門半島旅遊。

海鮮街的其中一邊全是售賣海鮮的攤檔，可以在這裏選購海鮮，然後拿到對面的餐廳加工。不過或許由於這裏是知名的旅遊景區，經常有人在網絡上投訴有「呃秤」或「偷龍轉鳳」之嫌。所以如果大家希望在這裏品嚐海鮮，建議要打醒十二分精神。

過往我很少會介紹內地的茶餐廳，因為我覺得它們普遍存在價格虛高，而且出品水準偏低的問題。不過這家尋味茶餐廳部分菜品甚具特色之餘，味道也算不錯，所以在此花點篇幅介紹。

炸春雞（¥25）

春雞的肉質本身比較嫩，加上火候控制得剛剛好，做到皮脆肉嫩，肉汁豐盈。雞味不算濃，調味也簡單，以鹹香味為主，勝在很入味。我最欣賞的是不會很油膩，吃完不會有罪惡感。

附近餐廳

尋味茶餐廳

址 花地路灣仔海鮮街 27 號（灣仔休閒公園對面）

時 07:30~21:00

費 ¥40 / 人

凍椰香奶茶（¥12）

改用椰漿來沖的港式奶茶。味道很有層次，先是一股濃烈的椰漿香氣，待散卻後茶香味才慢慢滲出，口感十分濃厚順滑，也不會苦澀。

灣仔上海灘

址 花地路 7 號
時 18:00~23:30
時 ¥66 / 人

這本來是一家主力做街坊生意的大牌檔，餐廳沒有懸掛招牌，近年卻在網絡上爆紅。由於大眾點評上它的名字叫「灣仔上海灘」，所以就以這個名字為大家介紹。

既然這家餐廳連招牌也沒有，就不要期望環境會很好。除了冷氣不足，這裏各種用品也欠缺保養。

芋頭鵝
（¥70 / 例牌）
招牌菜芋頭鵝分量十分驚人，在 1/4 隻鵝周邊圍着多塊大大塊的芋頭。鵝肉口感超級嫩滑，完全沒有粗糙的感覺，說是像 BB 的肉那麼滑也毫不誇張。

鵝肉夠肥美，香味也很濃郁。只是醃得不夠入味，單純吃鵝肉的香味而已。

我覺得這道菜的主角並不是鵝，而是旁邊的芋頭。芋頭很香，口感鬆化，芋香味濃，再配上鵝肉醬汁，更收錦上添花之效。

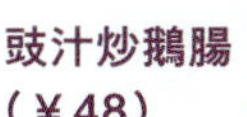

豉汁炒鵝腸
（¥48）
葱香味十分突出，亦帶薑、蒜及豆豉香氣，非常惹味。美中不足之處是偏油和偏鹹了一點，一定要配飯來吃。

炸魚蛋（¥38）
魚肉也夠鮮甜，而且形狀像是手打的，不過我覺得不夠彈牙。勝在 ¥38 有 19 粒大大顆的魚蛋，很划算。

2023 年 9 月 OPEN

十字門華發商都

址 銀灣路 268 號
時 10:00~22:00

十字門華發商都計劃分為三期來開發，其中一及二期已分別於 2019 年及 2023 年開幕。一期（A 館）屬珠海國際會議中心配套商業體，為綢帶型半開放式設計，入駐商戶多以快餐店為主。二期（B 館）位於一期斜對面，為傳統室內盒子型商場。現時開設了不少大型連鎖餐廳，亦有 Aeon 超市、戲院等大型商戶。

三期（C、D 及 E 館）位於一、二期之間的夾角，預計於 2025 年年底開業。落成後整個十字門華發商都將會成為珠海第二大華發商都，僅次於前文介紹位於北山大院對面，最舊的珠海華發商都。

雖然商場毗鄰城軌十字門站，但現時尚未興建地下通道用以連通，預計要待三期開幕後才能做到無縫連接。

西 Dor 小貼 Si

一期旁邊的最高建築物為現時珠海最奢華的酒店——珠海瑞吉酒店。這裏距離橫琴口岸約只需十分鐘車程，加上酒店入住率偏低，很多時候不需 ¥1300 即可入住基礎房型，吸引不少到澳門旅遊的港人選擇入住，以節省開支。

南灣餐廳介紹

阿九食店

址 南灣南路 6004 號一樓
時 11:00~14:00、17:00~21:00

阿九食店絕對很適合港車北上人士把它當作返香港前的最後一個行程，因為餐廳剛好就在港珠澳大橋連接線的入口旁，由此前往人工島上的珠海口岸，最快只需 6 分鐘！

魷魚肉餅（¥45）
土魷的比例很高，差不多達 1/3，每一口都吃到不少土魷粒，然後滿嘴都是乾貨香氣！

肥肉比例適中，豬肉鮮味和油香味也夠重，令人食指大動。

沙薑雞（￥50）

這道沙薑雞的雞味及沙薑香氣都很重，炸過的雞塊外脆內嫩，不過實在偏油膩，碟底有很多油，未必每個人能接受。

用上新鮮的九肚魚，鮮味比其他餐廳的出品濃郁，加上椒鹽比例剛剛好，所以雖然￥70一碟並不便宜，但品嚐過之後就會覺得仍是合理價格。

椒鹽九肚魚（￥70）

雖然賣相一般，味道卻十分一流！炸粉比香港常見的略厚，卻仍在可接受的範圍，令椒鹽九肚魚外脆內嫩的雙重口感對比更為明顯。

羅記家常菜

址 南灣南路鴻景花園五棟1層
時 10:00~14:00、17:00~22:00
費 ￥85/人

雖然有兩層高，但樓下只有3張小桌，樓上也只有4張大桌，因此用餐高峰期來到的話，有可能需要併桌，或坐到路邊臨時加設的座位。

儘管這家餐廳在網絡上評價一般，不過卻有不少珠海人異口同聲向我推薦它，結果它成為此書介紹的各餐廳中我最喜愛的一家。

沙薑雞（¥48）

招牌菜沙薑雞鑊氣十足，雞肉表面炒得焦脆，吃起來有股焦香。

雞肉嫩滑多汁，搭配沙薑更能突出雞肉的香氣，非常好吃，比阿九食店更出色。

薑葱炒蟹（¥135）

據説螃蟹都是客人下單後才宰殺，所以非常新鮮。選用較大隻的花蟹，蟹肉肥美飽滿鮮甜；輕輕油炸過讓蟹肉更易入味，每口都吃到濃濃的薑葱香氣，絕對可以用齒頰留香來形容！

到訪當天正值秋冬時節，蟹殼內有不少蟹膏，令整道菜更顯鮮美。

橫琴

橫琴現時全名為橫琴粵澳深度合作區，是廣東省與澳門特別行政區共同管理的特殊經濟區，也是珠海各區域之中最特別的一個。近年橫琴與澳門的關係十分密切，島上有由澳門開發的住宅項目澳門新街坊；全島甚至實行封關措施，放寬從澳門入境攜帶物品的限制，並與珠海其他地區設立「二線」海關，使琴澳兩地進一步走向一體化。

橫琴的旅遊資源十分豐富，除了有多個不同主題的中小型樂園及渡假區如星樂度、創新方，更有珠海最大型的渡假區珠海長隆。珠海長隆近年亦完成了大型擴建工程，新增了全球最大室內樂園長隆飛船樂園，讓橫琴成為大灣區內不少家庭旅客出遊的首選地。

珠海
臻林酒店
東方高爾夫珠海球場
悦椿酒店
星樂度希爾頓花園酒店
11
廣澳高速公路
磨刀門水道
環島西路
金海大橋

1. 琴鳴廣場
2. 勵駿龐都廣場
3. 橫琴購美食城

MAP

氹仔

馬騮洲水道

琴海北路

環島東路

環島北路

橫琴

港澳大道

橫琴文化
藝術中心

希爾頓
逸林酒店

珠海
橫琴口岸

路氹
邊檢大樓

續咖啡

中心大道

CHR沐

澳門大學

中心溝

紫檀博物館

橫琴腦背山
武帝廟

相思
瀑布

路環碼頭

橫琴大道

橫琴鎮

Chill House
萃嵐

三疊泉風景區

長隆大道

4 橫琴華發商都
5 天沐琴台
6 創新方
7 橫琴賽艇公園
8 珠海長隆國際海洋渡假區
9 橫琴中央匯
10 花海長廊
11 星樂度・露營小鎮

澳琴同遊小攻略

由於橫琴與澳門的關係越來越密切，近年澳門當局亦積極推廣「澳琴同遊」，希望鼓勵遊客同時遊歷澳門及橫琴，所以即使是香港讀者，亦可以考慮到澳門遊玩後，再經橫琴口岸過關到橫琴繼續行程。接下來就跟大家分享一下過關攻略吧！

2024 年 12 月 OPEN

澳門輕軌橫琴線

由澳門前往橫琴口岸，除了可以乘搭各大酒店渡假區提供的免費穿梭巴士（俗稱發財巴）及澳門本地巴士，亦可以乘搭新通車的澳門輕軌橫琴線。

橫琴線就如香港的迪士尼線，全線只有兩個車站，其中一個是與氹仔線連通的蓮花站。乘搭氹仔線到蓮花站後，沿指示牌步行 3 分鐘左右，即可到達橫琴線月台。

橫琴線現時約 6 分鐘一班，由蓮花站行駛至橫琴站的車程約為 3 分鐘，價格為 MOP$6。

橫琴口岸

於 2020 年重建完成的新橫琴口岸，採用「合作查驗，一次放行」（俗稱兩地一檢）的通關模式。與港人較熟悉的一地兩檢模式不同，兩地一檢是指合資格的旅客只需使用一張證件即可同完成內地及澳門的出入境手續。對香港旅客來說，由澳門入境內地只需使用回鄉證，而由內地入境澳門則只需使用香港身份證。

由於只需「過一次關」，通關效率大大提高，加上現時使用橫琴口岸的旅客數仍然偏少，我試過只需約 1 分鐘即可完成整個過關流程，包括海關檢查，比起其他口岸快得多。而據香港傳媒報道，正在重建的皇崗口岸亦將會採用兩地一檢的通關模式，到時也可以在香港體驗其迅速與便捷。

在橫琴口岸過關後，會直接進入下文介紹的「琴鳴廣場」商場 2/F。

橫琴封關

2024 年 3 月 1 日，橫琴全島「封關運作」，與珠海其他區域之間設立「二線」通道，並放寬橫琴與澳門之間的「一線」關口限制。現時從澳門攜帶物品進出橫琴，滿足自用、合理數量這兩個條件，即可免稅放行，不再有金額限制；而由橫琴前往珠海其他區域，則需經過海關抽查檢驗。圖為後文介紹橫琴粵澳深度合作區規劃展覽館內，有關橫琴封關的展品。

西Dor小貼Si

如欲了解澳門最新的旅遊資訊，請購買由澳門 Yoliving Leo 兄所著的《澳門旅遊新情報 2025-26 最新版》。

2024 年 12 月 OPEN

琴鳴廣場

址 環島東路 2050 號橫琴口岸

原名橫琴口岸廣場的琴鳴廣場，其實早在 2020 年橫琴口岸重建後就已同步落成。不過或許是由於當時為疫情期間，過關的人相對有限，所以初期部分樓層沒有開放，只啟用了與出入境口岸及橫琴站連接的最底下 3 層，進駐的商戶數量比較少。

直至 2024 年，隨着橫琴口岸的人流越來越多，商場的出租率也越來越高，更於短時間內有 9 間餐廳在 4/F 開業，並同時將商場更名為「琴鳴廣場」。

不過與其他鄰近關口的商場一樣，餐廳的定價普遍較為虛高。例如我曾試過那裏的酒樓，水準一般，人均消費卻要 70 多元，比起珠海其他同水平的酒樓貴兩至三成。

2024 年 5 月 OPEN

Hyphen

址 1/F
時 07:30~21:30

據説 Hyphen 是一家由澳門人開設的咖啡店，亦是琴鳴廣場內現時唯一一家、橫琴口岸周邊第二家精品咖啡店（第一家是後文介紹的旺福咖啡），適合對咖啡有點要求的人。

原味冰吐司（¥22）
磚塊形狀的岩燒芝士吐司，塞了忌廉夾心再拿去冰凍。雖然味道不錯，奶香味十足，不過偏硬，和正宗的法包口感差不多。

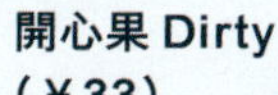

開心果 Dirty（¥33）
由於我不懂咖啡，所以就不便評價這裏的咖啡水準，只能跟大家説咖啡味道很濃，焦香味特別重。

粉拿鐵（¥33）
這裏有賣數款咖啡類特調。不過由於咖啡味超重，所以其他味道都被蓋過了。例如剛才的開心果 Dirty，我完全品嚐不到開心果的味道；而這杯粉拿鐵，按其英文應該是加入了一些仙人掌果的果汁，雖然的確帶一點果香，不過我也感受不到這種水果味道有何特別。

西Dor小貼Si

橫琴部分景點及酒店有提供免費穿梭巴士來往橫琴口岸，例如後文介紹的創新方，而口岸這邊的上車點通常設在琴鳴廣場 2/F 對出的旅遊巴士上客區。不過部分路線需要提前預約，建議向景點或酒店查詢。

另外亦有免費無人駕駛巴士來往橫琴「澳門新街坊」，是由澳門開發的大型住宅綜合項目。

勵駿龐都廣場

址 橫琴購口岸商業廣場西 150 米

位於琴鳴廣場馬路正對面，並透過城軌橫琴站的地下通道相連的勵駿龐都廣場，早於 2018 年已經開業，是橫琴首個大型室內商場。不過由於當時橫琴與澳門的合作尚在起步階段，使用橫琴口岸過關的人數較少，令這裏早期的商戶數寥寥可數。

幸好商場面積大，加上仿照葡萄牙曼努式建築風格的設計充滿異國情调，成為內地遊客的打卡熱點。

隨着近年橫琴與澳門越來越密切，商場也開始暢旺起來。雖然仍有近一半商舖空置，不過直接連通到橫琴站的 B1 層出租率甚為可觀。該層的商戶以快餐店為主，即使並非用餐高峰時間，仍吸引不少來往關口人士過來用膳。

由於珠海的物價較澳門低廉，這裏的超市也吸引澳門人過來買餸，也是我去過珠海多家超市以來見過人氣最旺的其中一間。

加上裝修選用原木風格，溫馨而且舒服，亦是一家寵物友好咖啡店，迅速受經常來往橫琴口岸人士的喜愛。其後在後文介紹的橫琴華發商都也有分店。

2024 年 3 月 OPEN

旺福咖啡

址 1/F
時 08:00~22:00

橫琴口岸附近以往缺乏比較正式的咖啡店，而旺福咖啡的出現，讓喜愛咖啡的人終於有適合他們的咖啡店。

芭樂 Dirty（¥38）
杯口邊撒了南薑梅粉，估計靈感是源自潮汕地區通常會配搭南薑梅粉一起吃的甘草水果。店員建議第一口要大口喝，才能同時喝到南薑梅粉、咖啡、牛奶與番石榴汁，多種味道同時共存，卻又十分和諧，挺好喝的。

GEGEWU・格格巫手工麵包（橫琴店）

址 橫琴珠機城際一期橫琴站內地下一層站廳層商業區（中澳城）F37 商舖

時 07:30~20:30

格格巫是珠海一家近年崛起，已有 3 家門店的麵包店，橫琴店是最新的一家。嚴格來説這間店並非開設在勵駿龐都廣場內，而是位於與商場連接的橫琴站內。不過由於所有由橫琴口岸前往商場的人均會經過這家麵包店，所以在這裏順道介紹。

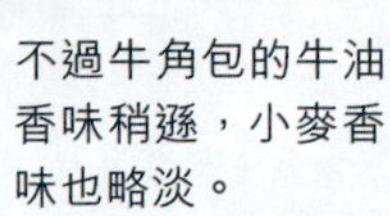

不過牛角包的牛油香味稍遜，小麥香味也略淡。

原味可頌（¥13.9）
雖然這裏的麵包並非在店內焗製，但出品我覺得比坊間不少麵包店優勝。例如這個牛角包，口感幾乎完美，外皮十分酥脆，內裏很鬆化，甚至及得上香港市面上一些價格翻了一倍以上的牛角包。

話説有次我早上 9:15 來到，發現幾乎所有麵包都已賣清光。店員表示下一批麵包要到 10:30 才送到，因此我猜測這家分店沒有廚房，麵包是由其他地方送來。

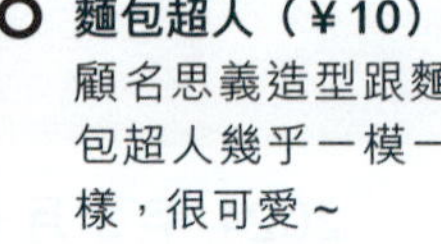

麵包超人（¥10）
顧名思義造型跟麵包超人幾乎一模一樣，很可愛~

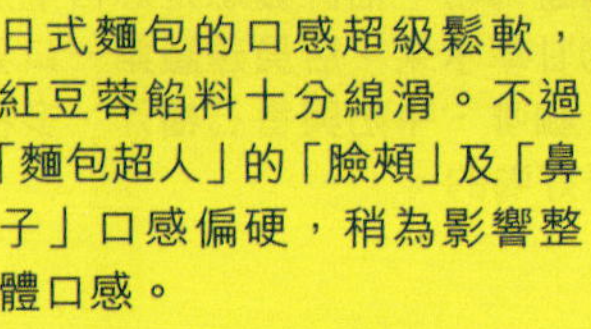

日式麵包的口感超級鬆軟，紅豆蓉餡料十分綿滑。不過「麵包超人」的「臉頰」及「鼻子」口感偏硬，稍為影響整體口感。

橫琴購美食城

址　環島東路銀鑫花園南

位處琴鳴廣場北面，一街之隔的橫琴購，雖然早於 2019 年已開幕，但與上文介紹的勵駿龐都廣場一樣，過去多年的出租率甚低，甚至因為由口岸步行過來較為不便，至今人流依然稀少，不過卻能吸引一些餐飲店進駐。

2023 年 6 月 OPEN

饞牛・牛排牛尾一鍋香

時　10:30~01:30

費　￥92 / 人

主打牛扒牛尾鍋的饞牛，在珠海有 4 家門店，其中橫琴購店為第一家門店。

牛排牛尾鍋（¥178 / 小）
所謂的牛扒即是牛仔骨，連同牛尾、薯仔和蘿蔔一起燜煮。雖然牛仔骨和牛尾質素一般，但仍能品嚐到兩個部位的獨特牛肉香氣；加上燜煮得入味，口感亦夠軟，味道不錯。

分量十足，牛仔骨及牛尾各有十大塊，很適合食肉獸，CP 值十分高。

想再惹味一點，可以蘸一點秘製辣椒醬，帶有濃烈豆醬香氣，與牛肉十分合襯。

新佳濠橫琴生蠔火鍋

時 10:30~22:00
費 ¥91 / 人

如果説椰子雞火鍋是最能代表深圳的美食，那麼我想生蠔雞火鍋則是最能代表珠海的菜式。在珠海芸芸生蠔雞火鍋餐廳之中，名氣最大的非已有 30 年歷史的新佳濠莫屬，地位我認為等同椰子雞界別的潤園四季。在 7、8 年前，新佳濠還只是個大牌檔式的「地踎」小店，現時則變成在珠海有 8 家門店的連鎖店。

經典滋補湯底（¥20）
這裏現時有4款湯底，我比較喜歡最經典而且最便宜的滋補湯底，簡簡單單加一點紅棗枸杞等藥材，用來打邊爐更能品嚐到火鍋配料本身的鮮味。

選用比較高質的文昌雞，肉質嫩滑結實彈牙，雞皮爽脆，雞味濃郁，十分好吃。

招牌文昌雞（¥60 / 半隻）
以往新佳濠只提供清遠雞及走地雞，現時多了一款最貴的文昌雞。

現開生蠔（¥55）
新佳濠聲稱在橫琴有自設蠔場，而這裏的「橫琴蠔」的確比坊間的更為鮮甜肥美。不過我還是覺得湛江蠔比較鮮甜，橫琴蠔則勝在口感爽滑。

2024 年 12 月 OPEN

橫琴華發商都

址　琴海路 981 路

雖然至本書截稿時，橫琴華發商都只是開幕短短不足半年，但或許是由於華發集團在珠海已有多年營運商場的經驗，有較強的招租能力，所以這裏是橫琴現時出租率最高的商場。

由於橫琴與澳門的合作近年越來越密切，這裏也有很多由澳門人開設的餐廳。並在門外顯眼處張貼「來自澳門」的標示。這些餐廳大多主打以往在珠海比較少見的菜系，如澳門特色菜、葡國菜、西班牙菜等等，吸引不少珠海人來光顧。

不過由於這裏本質上是由幾棟寫字樓底下的配套商業連成的商場，所以商場內絕大部分公用地方均是戶外區域，夏天到訪會比較熱。

加上這裏離橫琴口岸只需不足五分鐘的車程，對澳門人來說交通十分方便，亦令這裏成為現時橫琴人氣最旺的商場。

Santos burger 山度士和牛牛堡

時 10:00~22:00

費 ¥65 / 人

由澳門人開設的 Santos，現時在珠海共有 3 家門店，首家門店位於後文介紹的創新方。不過由於創新方店環境一般，所以就介紹最新開幕的橫琴華發商都店。

招牌蒜香蒔蘿和牛芝士牛堡（¥48）

這裏所有菜品均是即叫即製，下單後要等十多分鐘才上菜。即煎的漢堡扒十分多汁，一咬下去大量肉汁會流出來，有點狼狽。能吃到和牛獨特的油脂香氣，不過肉香味略淡。

布里歐麵包口感外脆內軟，富含牛奶及雞蛋香氣；加上炒製過的洋蔥、新鮮蔬菜、煙肉、芝士及酸青瓜，整體味道很不錯。秘製醬料分量有點少，未能品嚐到其味道。

薯角汽水套餐（¥20）

套餐價格並不划算，勝在誠意十足。薯角同樣是即炸，十分香脆，上面灑了不少香料粉，即使不蘸番茄醬也很好吃；汽水是罐裝的，並配上一杯冰塊。

一眾由澳門人在橫琴華發商都開設的餐廳中，最具代表性的非老字號葡國菜餐廳公雞莫屬。橫琴分店裝潢舒適，菜品價格也較澳門總店便宜，不過出品有較大差異，也沒有售賣一些經典葡國菜菜品，例如馬介休球。

Dom Galo 公雞・全日餐酒館

址 1/F

時 11:00~22:00

費 ¥100 / 人

葡式燒沙甸魚（¥58）

其中一道差異較大的菜品。平時吃到的沙甸魚肉質十分紮實，這裏的卻十分鬆散。據主廚解釋，橫琴無法進口外國沙甸魚，只能選用內地的，雖然他們堅持使用新鮮魚製作，不過內地的品種肉質始終不夠結實。

話說內地不少餐廳習慣在顧客用餐後詢問對菜品的評價，所以我和澳門 Yoliving Leo 兄也有如實向店員反映意見。或許因為到訪當天是平日，生意較為淡靜，主廚收到反饋就立即走出來跟我們聊天，並解釋因為在珠海無法以合理價格採購某些食材，只能選用其他替代品，所以出品跟澳門總店有不少差異。雖然這裏的出品對吃過總店的人來說不太正宗，不過由於服務態度很好，主廚願意認真聽取顧客意見，我和 Leo 兄都覺得這頓飯吃得十分愉快。

桑格利亞
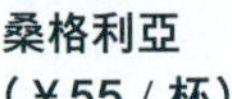
（¥55 / 杯）

這裏也有售賣葡萄牙特色水果酒 Sangría，不過由於內地進口紅酒需要徵收較高關稅，價格上就反而沒有優勢了。

碳燒牛肋骨（¥138）

內地餐飲比港澳地區其中一個較大的優勢是可以以較廉宜的價格，在一個舒適環境下品嚐碳燒美食。例如這裏的牛肋骨，不但碳烤香氣十足，牛肉質素亦不差，味道不會比在澳門吃到的差！只是比較薄身，口感略為失色。

焗葡國雞（¥68）

另一個較大的優勢是雞肉成本較低，容易吃到更新鮮、更重雞味的雞肉。就如這裏的焗葡國雞，雖然配方跟總店的有些差異，但雞肉質素高，整體水平跟澳門的不相伯仲。

招牌葡國海鮮煲（¥168）

由於內地海鮮價格較港澳便宜，因此這道海鮮煲便成為橫琴店的招牌菜，其實就是葡萄牙海鮮飯的「走飯」版本。海鮮大多十分鮮甜，但不算入味，所以主要品嚐的都是本身的鮮味。

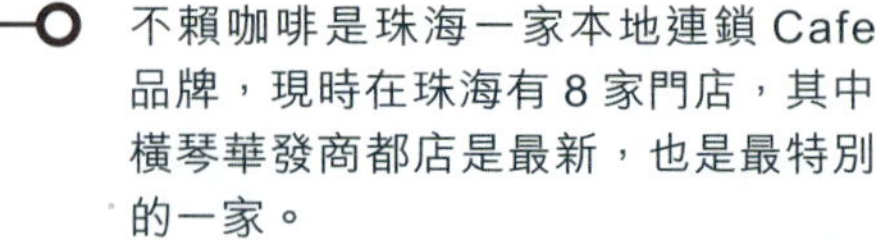

不賴咖啡是珠海一家本地連鎖 Cafe 品牌，現時在珠海有 8 家門店，其中橫琴華發商都店是最新，也是最特別的一家。

而橫琴華發商都店則花了不少心思在裝修上，牆身鋪滿假紅葉，不但很適合打卡，在此用餐亦甚有秋意。

不賴咖啡・全日簡餐

址 1/F
時 10:00~22:00
費 ￥76 / 人

不賴咖啡的其他門店有點像前文介紹位於新香洲的 METOM，供應做法簡單且廉價的西式輕食及咖啡為主，門店裝修也比較平實。

香煎三文魚果蔬沙拉（￥68）
對比其他門店，這裏的菜單不再「廉價」，也不再「簡單」，甚至有不少賣相較好的菜品。不過作為着重打卡的餐廳，就不要抱太高期望，價格也有點虛高。

大圓滿 FullCYC 海景露天餐酒館

址 3/F
時 11:30~02:00
費 ￥116 / 人

橫琴華發商都有數家面朝海景的餐廳，可以看到對岸的澳門旅遊塔及西灣大橋。由於這裏通常是澳門舉行煙花匯演的位置，所以每逢澳門放煙花，這些餐廳都吸引不少人來用餐。其中一家受歡迎的餐廳是主打新加坡菜的大圓滿，是橫琴鎮上一家於 2023 年開業，名為「圓滿海南雞飯」的餐廳，旗下走高檔路線的副品牌。

餐廳的室內部分雖然全是落地大玻璃窗，不過商場外牆的燈帶十分明亮，稍為影響觀賞海景的效果，建議選擇戶外座位。

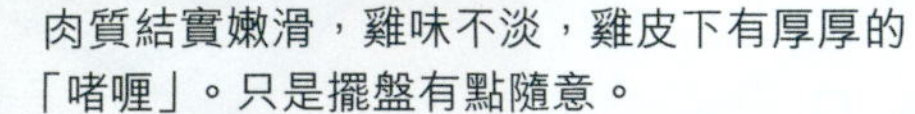

肉質結實嫩滑，雞味不淡，雞皮下有厚厚的「啫喱」。只是擺盤有點隨意。

新加坡無骨海南雞
（¥108 / 半隻）

該餐廳以製作海南雞飯起家，所以這裏的海南雞飯也是所有菜品之中最為出色。其他菜品則相對普通。

沙爹燒豚肉串（¥42）

有別於香港部分維港景觀餐廳往往會於舉行煙花匯演期間調整價格，內地餐廳較少會有此舉措。不過我還是建議提早致電餐廳，查詢收費安排及訂座。

「真」是一家據說由澳門人開設的日咖夜酒咖啡店，亦是後文介紹另一家咖啡店「沐」的分店。

真

址 北區 1 樓 A1013a
時 09:30~02:30

有別於其他日咖夜酒咖啡店裝修遍向咖啡店風格，這裏明顯走高檔清吧風，酒精類飲品以 Whisky 及 Cocktail 以英倫風格為主。

杏仁拿鐵（¥35）
一入口是焦香味，然後杏仁味慢慢滲出來，整體微酸偏苦。以普通的薄身玻璃杯盛載，與優雅的環境有點出入。

巴斯克蛋糕（¥35）
口感濕潤綿密，不會很膩，芝士味略淡。

中影燈塔影城

址 北區 1 樓 A1013a

時 09:30~02:30

這個火鍋廳其實是由傳統的情侶廳改建而成，所以桌子及梳化距離有點遠，而且並不對齊，吃火鍋的時候要用一個不太舒適的坐姿，兩個人擠在一起吃。

之前在《佛山》一書有介紹過一家可以一邊打邊爐，一邊看電影的戲院。而橫琴華發商都內的戲院也設有一個火鍋廳，提供類似的體驗。

火鍋廳（雙人帶套餐 ¥298 /2 人）

火鍋套餐雖然跟戲院旁邊的牛肉火鍋餐廳愛尚牛鼎記火鍋合作，但定價較佛山同類戲院低，食材將貨就價，質素平平。電磁爐的火力不夠大，湯底要等很久才會滾起。

這裏有一處比佛山同類戲院優勝的是銀幕質素。由於由傳統影廳改建，銀幕不但比較大，流明度與對比度更高。

2025 年 5 月 OPEN

天沐琴台

天沐琴台位處橫琴天沐河中央人工島上，建築外觀靈感來自橫琴地名，猶如一把橫臥在天沐河上的巨型「古琴」。

這裏計劃發展成多功能綜合體，涵蓋科創中心、商場、五星級酒店、展覽館、會展中心、遊艇碼頭、觀景台等功能，將會成為珠橫琴最矚目地標之一。

橫琴粵澳深度合作區規劃展覽館

址 濠江路 974 號

時 09:00~12:00（11:30 停止入場）、14:00~17:30（16:30 停止入場）

費 免費入場（須提前預約）

不過至本書截稿時，這裏暫時只開放了展覽館部分，名為「橫琴粵澳深度合作區規劃展覽館」。

展覽由早年橫琴與澳門的關係開始介紹。以往橫琴鎮上的村民可以憑有效證件，在橫琴碼頭乘坐橫水渡前往澳門，售賣橫琴出產的蔬菜及生蠔，並從澳門帶回各種日用品。

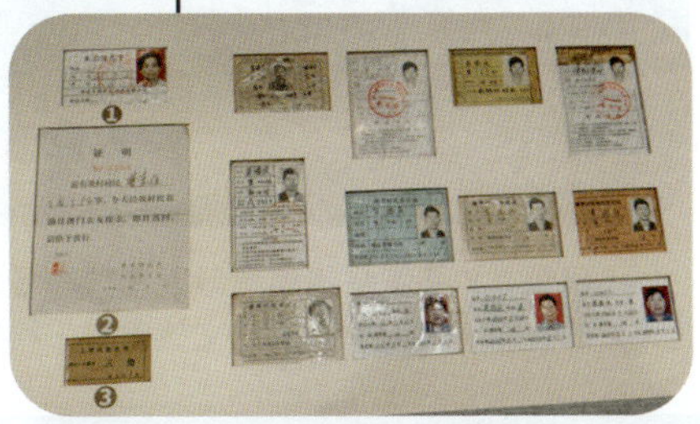

展覽館面積不大，只有一層，仔細參觀亦只需一個多小時便可以逛完。

至 2009 年，橫琴新區成立，橫琴正式開始發展，並進行大規模的填海。圖為 2012 與 2024 年天沐河一帶風光的對比圖。

橫琴的開發亦令橫琴與澳門的關係越來越密切。例如在 2009 年，橫琴口岸南面與澳門路氹一河之隔的一幅約 1 平方公里土地被租借予澳門特別行政區作為興建澳門大學新校區之用，並依澳門法律實施管轄。至 2013 年，澳門大學新校園啟用，新校園面積為舊校園的 20 倍，亦令學生人數增至 1.8 倍。

自「橫琴封關」後，於橫琴生活的澳門居民可攜帶部分以往受限制的動植物產品，甚至是寵物，經澳門進入橫琴。

前文提及過的澳門新家園，亦是琴橫合作的另一例子。該項目除了由澳門開發，亦設有不同設施，包括澳門辦學團體開辦的學校、澳門衛生局開設的衛生站、澳門政務 24 小時自助服務中心等，方便該處的澳門居民。

展館有較多篇幅講述橫琴與澳門在各大產業方面的合作，例如中醫藥、文旅會展、科技研發等。

最後返回展館大門的通道，左右兩邊分別雕刻了橫琴與澳門的地標，是不少參觀人士必打卡的位置。

西Dor小貼Si

展覽館暫時分為單位（團體）及公眾預約，其中公眾預約參觀時間為星期六及日。除 65 歲以上長者，其餘人士須提前至少 1 天於微信「橫琴規劃展覽館」小程式預約。

另外由於天沐琴台尚有不少工程在進行中，因此連接南面香江路的橋樑仍然封閉。如欲前往展覽館，須經由連接北面濠江路的橋樑進入。

附近景點及餐廳

2024 年 12 月 OPEN

橫琴文化藝術中心

址　濠江路 698 號

位於天沐河北岸，背靠小橫琴山的橫琴文化藝術中心，外觀十分獨特。據説為呼應山水輪廓，建築呈優雅弧形，加上外立面使用大塊彩釉玻璃幕牆，我認為有點像灰姑娘的玻璃高跟鞋 XD。

整個文化藝術中心設有三大中心，包括圖書文獻閱覽中心、文化演藝中心及多功能展覽中心。不過至本書截稿前，只開放了少部分場館。此外據説可以飽覽天沐河及天沐琴台景色的退台式設計屋頂花園要待 2025 年 6 月才開放，故在此不作深入介紹。

雖然續咖啡跟前文介紹位於橫琴華發商都的真咖啡由同一老闆營運，但兩家門店的風格截然不同。

續咖啡 continue coffee

址　濠江路 968 號華發悦天地 b 區 109 號商舖

時　09:00~19:00

暮景桑榆（¥38）

這裏主打各種創意特調咖啡。例如這杯較受歡迎的暮景桑榆，是以桑葚果汁、香水檸檬、椰子水加上意式濃縮咖啡製成。味道酸酸甜甜充滿果香味，咖啡味相對較淡，但仍能品嚐到焦香味道，對於不懂咖啡的我來説是很好喝的特調。

有別於真咖啡的裝修揉合了英倫與日式風格，續咖啡走中式簡約風。大部分座位均是竹椅，加上水磨石做的桌子，令咖啡店充滿休閒寫意的鄉土氣息。

創新方

址 天羽道 111 號

由香港麗新集團投資建設，2019 年年底開幕的創新方，是現時橫琴室內面積最大的商場。由於商場附近仍有不少有待發展的空地，加上商場部分室內商舖預留作開設免稅店之用，以致現時進駐的商戶數不多。

不過由於面積較大，商場仍有數家大型商戶進駐，當中包括兩座室內主題樂園——獅門娛樂天地及橫琴國家地理探險家中心。獅門娛樂天地是以荷里活電影公司獅門影業旗下多套人氣電影，例如吸血新世紀、飢餓遊戲、非常盜等為主題的樂園。現時樂園只於週末及假期開放，免費入場，按項目收費。

橫琴國家地理探險家中心可說是以 National Geographic 來包裝的 Playhouse。

裏面共有十幾個體驗項目和劇場，涵蓋天文、地理、生物等等知識，而且每個項目都設計得超好玩，別說小朋友，就連我都玩到不想離開 XD ~

我最喜歡的是「自然之力」，是個投影了地形動畫的沙盤遊戲，投影還會隨着沙的形狀而作出變化。比如在沙盤裏用力挖出一個深溝，慢慢就有水滲出來；將沙堆起，則會形成山脈，甚至是火山！

2024 年 9 月 RELOCATE

蘭姐農莊

時　11:30~14:00、17:00~21:00

費　￥78 / 人

以往的蘭姐只是在鐵棚下開設，完全沒有裝修可言，更沒有冷氣的農莊；搬進創新方後，雖然裝修仍然平實，但多了不少有冷氣的室內座位。

原是創新方附近一家已有 8 年歷史，名氣甚大，不過環境一般的農莊。由於生意太好，周邊又欠缺充足停車位，所以蘭姐便於 2024 年搬進商場。蘭姐之所以名氣這麼大，主要原因是價格親民、分量驚人、味道誘人。由於每道菜都是很大份，建議多找幾位朋友過來用餐。

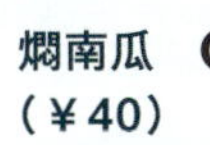

燜南瓜
（￥40）
簡單用蒜蓉燜煮的南瓜，口感綿滑，味道香甜，令人想一吃再吃。

蒸雞（￥80 / 半隻）
最招牌菜式，肉質結實嫩滑，雞味極重。每塊雞肉都吸滿紅棗、枸杞、木耳、蟲草花等配料的香氣，水準非常高。

橫琴賽艇公園

址 香江路與藝文二道交叉路口
往西約 210 米

離創新方不足 1 公里的天沐河河畔，有一座橫琴賽艇公園，顧名思義是經常舉辦各式賽艇比賽的地方。

單層高的建築物設計非常獨特，依靠小山坡而建，兼具艇庫、訓練和驛站功能。

2023 年 3 月 OPEN

CHR · 沐

時 週一至四 11:30~21:00、
週五至日 11:00~21:00

費 ¥137 / 人

現時這裏進駐了一家西餐廳。據澳門 Yoliving Leo 兄表示，這家餐廳的主廚曾於澳門一家米芝蓮三星餐廳工作，因此受到不少澳門人喜愛。

對我來說，最吸引的是這裏的環境。餐廳面朝天沐河、河畔大草地及對岸的小橫琴山，加上周邊大部分土地尚待發展，視野十分開闊，感覺像置身郊野中，十分寫意。

黑松露披薩（¥118）

餐廳其中一款招牌菜是 Pizza，純手工製，並以窯爐製作，所以出餐時間較長，當天大約等了半個小時才上菜。不過這裏的出品的確比珠海大部分餐廳要好，外面香脆，內裏煙韌中帶點鬆軟。

黑松露品質還好，沒有那種很刺鼻的味道，即使不太喜歡黑松露的我也覺得味道不錯。

加上餐廳採用半開放式設計，即使坐在室內位置，也能體會貼近大自然的感覺。

珠海長隆國際海洋渡假區

橫琴最著名且最受歡迎的景區，我想非於 2014 年開幕的珠海長隆莫屬。渡假區初期以主題樂園長隆海洋王國為核心，配備多家不同檔次的酒店及馬戲劇場。近年渡假區有很大變化，不但有多個新項目啟用，部分舊項目亦進行大翻新，令人有耳目一新的感覺。

長隆飛船樂園於 2023 年 9 月試營運，2024 年 7 月正式開放。樂園共兩層高，總建築面積約 40 萬平方米，相當於 56 個標準足球場，是全球最大的室內主題樂園；即使在淡季平日，要仔細逛遍整個樂園每個角落及遊玩所有遊樂設施，也需要一整天。樂園整體建築外觀呈流線型，遠看很像一架飛船，樂園大門口就設在「船頭」，「船尾」則與下文介紹的飛船酒店相連。

2023 年 9 月 OPEN

長隆飛船樂園

時 平日 10:00~18:00、週末及節假日 10:00~20:00
費 標準票 ¥395、青少年票 ¥315、兒童 / 長者票 ¥280

飛船樂園主要面向兒童，以海洋作主題。園內除了養殖不少海洋生物，亦有多項機動遊戲，有點像香港海洋公園跟韓國樂天樂園的混合體，但規模遠比兩者大得多。由於樂園絕大部分區域位於室內，設有冷氣，非常適合在炎熱的夏天遊玩。

園內有 15 大主題區域如宇宙世界、珊瑚秘境、深海遊樂場；30 餘種遊樂設施包括 5D 影院、水下潛艇等；近 15 萬尾 400 多種珍稀海洋生物，包括全球最大的海牛種群、珊瑚種群和淡水鰩魚種群。

遊樂設施

樂園內有多種像迪士尼樂園的休閒式機動遊戲，特別是有 3 個很像香港迪士尼「蟻俠與黃蜂女」的遊戲，均是坐在移動的車廂中玩射擊遊戲。

位處樂園大門旁的「飛船總動員」，則有點像「鐵甲奇俠飛行之旅」，採全景動感技術，有爬升、驟降等離心力的體感設備。

各個遊戲的場景均有明顯差異，例如這個古海幻行，需要戴着 AR 眼鏡遊玩，而且並不是使用槍枝，而是用雙手發射「子彈」射擊 AR 眼鏡內顯示的怪物。

5D 動感影院「百慕大歷險」據説是樂園的一大重點玩樂項目，模擬了穿越百慕大三角的驚險場景，360° 旋轉座椅、巨型球幕和環繞音效令遊客有極強的沉浸式體驗。可惜的是到訪當天正進行安全檢驗，未能親身體驗。

「深海潛艇」採用真船、真魚、真艇設計，半潛式航行帶遊客在艇內穿越珊瑚洞、海底探秘等主題區。透過舷窗沿途可以觀賞鯊魚、珊瑚礁生態等，是想一嚐潛水滋味人士不可錯過的項目。

希望尋求刺激的人，可以來到「深海遊樂場」區域。這裏有跳樓機、海盜船、飛天韆鞦等機動遊戲。不過由於樂園主要面向親子家庭，所以也不算太過刺激。

除了玩樂項目，園內也有一些必看的動物明星。當中最矚目的就是殺人鯨（內地稱為「虎鯨」）了。在這個全球最大規模的殺人鯨室內場館，每天三場的「深海殺人鯨奇遇音樂會」，遊客可以近距離看到智商超群的殺人鯨家族配合國際樂團演奏，牠們還會隨音樂點頭互動。

生物及表演

除了殺人鯨音樂會，殺人鯨科普劇場每天還有 2 場「海洋霸主秀」，可以看到殺人鯨家族的行為展示，包括躍水、巡遊等。

在殺人鯨館奇遇音樂會的另一邊，有家名為「鯨生鯨世」的餐廳，可以一邊用餐，一邊跟殺人鯨合照。

長隆聲稱為了讓殺人鯨可以在更貼近大自然的環境下生活，在這個劇場的水池中加入人造浪設備。據説人造浪最高達 3.2 米，是世界最大的室內人造浪，現場觀感壯觀，也是整個表演的高潮位。

樂園另一個焦點是全球最大的活珊瑚，共有 100 多種不同顏色和形狀的珍稀活珊瑚；加上養殖了不少顏色鮮艷的熱帶魚，就像一幅色彩斑斕的油畫，是必到的打卡點。

作為海洋主題樂園，這裏當然也有鯊魚專屬區域「驚鯊黑洞」，養殖了不同種類的活體鯊魚，例如錘頭鯊、鼬鯊、虎鯊等等。

位於雨林劇場的「萌趣動物派對」主要看一些飛禽。時而在舞台和觀眾席之前飛舞，時而在舞台與觀眾互動。現場氛圍很好，大小朋友看得津津有味，歡笑聲此起彼伏。

樂園聲稱玩樂與科普的比例達到 1:1，所以不時會看到一些科普資訊。我認為這裏的科普資訊以內地來說真的做得很不錯，當中有不少更是可以互動，讓小朋友更能寓教於樂。

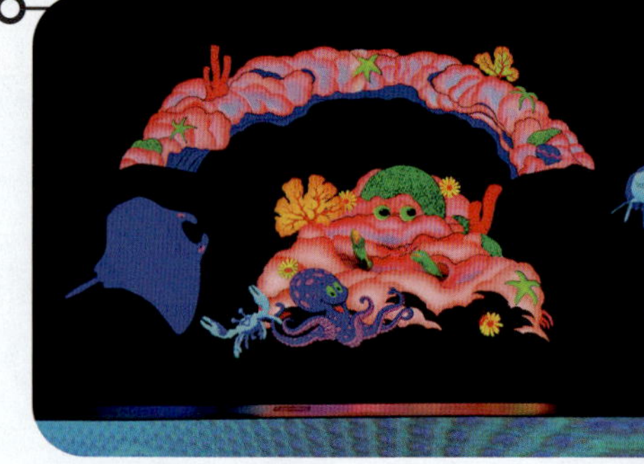

在眾多表演中，我最喜愛光影類表演「水之光」。通過光影、舞蹈、音樂與鐳射、全息投影等技術結合，舞蹈演員展示了水的三態變化（液態、固態、氣態）與生物鏈的互動，以及水資源對宇宙生命的意義，是很有誠意的表演。不過對兒童來說可能深奧了一點，需要由家長從旁講解。

2023 年 7 月 OPEN

長隆飛船酒店

與飛船樂園相連的飛船酒店，是現時珠海長隆最新的酒店。由於是渡假區內的中檔酒店，大概等於市面上的三至四星級，加上客流量大，部分設備已略顯殘舊。

不過購買酒客及樂園套票的住客，可享提前 1 小時入園的福利，酒店內更有住客專用通道可直達樂園，是入住渡假區酒店的最大優勢。

酒店內設有不同主題客房，例如「飛船房」、「太空套房」等；亦有配備各種兒童用品，諸如兒童牙刷、沐浴露、腳踏等，適合親子入住。

飛船酒店離海洋王國及兩個馬戲劇院入口較遠，難以步行前往。幸好免費穿梭巴士服務班次頗密，繁忙時間上車後很快就會開車。

位於酒店 28 樓的無邊際泳池可以看到整個飛船樂園及大半個渡假區，亦可遠眺澳門路環，據説甚至可以看到海洋王國夜晚的煙花匯演。不過到訪當天由於泳池正在進行維修，禁止進入，所以未能求證。

2023 年 9 月 OPEN

橫琴長隆劇院

時 17:00 開場，近 90 分鐘

費 成人票 ¥505、一等座 ¥550、VIP 票 ¥650

現時珠海長隆共有兩座馬戲劇院。其中較新落成且較大的橫琴長隆劇院，設有 4,600 個座位、水陸空三維舞台及 270 度全景式環形螢幕，現時有一個闔家歡、名為「長隆秀」的長期演出。

長隆秀是由俄羅斯馬戲世家傳人執導、28 個國家的頂尖藝術家聯合演繹的國際級綜合演藝節目，融合了雜技、舞蹈、極限運動、馬戲、搖滾百老匯等多元藝術形式，以「超時空漫遊」為主題，場景橫跨古今及亞非歐文化。在同一個場景中，舞台上會同時有多種表演，目不暇給。

內地近年流行國潮文化，不少演出會加入大量中國傳統文化元素，長隆秀當然也不例外。例如會有結合舞獅元素的雜技表演。

為保障動物權益，現時長隆的馬戲表演已沒有任何違返動物天性的高難度雜技表演。不少動物只是以巡遊形式出場，純粹讓觀眾感受氣勢。

270° 全景環形舞台令觀眾可沉浸式體驗水陸空無縫切換的場景，例如花車會在觀眾席間經過，亦有表演者在通道上策馬奔騰，甚至會在馬背上打架！

而 360° 250 米高空吊掛軌道，讓表演者可以作出踩天梯、高空吊環、空中綢吊等高空雜技表演。

劇場座位分為三個等級，不設劃位，先到先得。如果想玩得輕鬆點，可以考慮購買貴一點的前排座位。

2024 年 7 月 OPEN

長隆卡卡劇場

時 每場約 65 分鐘
費 低峰場次 ￥300、普通場次 ￥395、高峰場次 ￥450

橫琴長隆劇院落成後，舊有較小的馬戲劇場則被改建成長隆卡卡劇場，並於 2024 年 7 月重新投入使用。現時有一個面向小朋友，名為「卡卡虎奇遇記」的長期演出。

雖然場地及舞台沒有新劇院那麼大，但由於舞台與觀眾席的距離更近，部分表演效果例如煙火的視覺衝擊力會更強。

卡卡虎奇遇記是長隆連同蒙特卡洛新生代馬戲節國際團隊製作，集結了全球來自十幾個國家近百名演員，營造出色彩繽紛、美輪美奐的童話世界。而且會邀請觀眾參與演出，演員也會到觀衆席，體驗感很不錯，很適合親子觀賞。

這裏也有空中雜技環節，但由於場地有限，只能由一至兩個人表演。

印象最深刻的一幕是「光影勇者」，演員穿着未來感服飾，配合鐳射、頻閃燈光和全息投影技術，營造出 Cyberpunk 的超現實空間。演員的動作與光影效果即時同步，加上需要全場熄燈，沉浸感更加強烈。

長隆海洋王國

雖然長隆海洋王國已開幕十多年，也未進行過大型翻新及擴建工程，不過近年每晚臨閉門前的煙花水幕光影匯演也有較明顯的變化。

現時的匯演加入了近年很流行的無人機表演，構成飛船、鯨鯊、愛心等圖案，令整個匯演更豐富精彩。

由於海洋王國其他變化不大，所以這裏就簡單講講比較吸引港人的地方。鯨鯊館是全球最大海洋魚類展館，玻璃觀賞屏長 39.6 米、高 8.3 米，可近距離觀賞 1.5 萬條珍稀魚類，當中包括樂園最標誌性的生物鯨鯊。

西Dor小貼Si

如想入住渡假區內的酒店，可以考慮透過渡假區官網或各大旅遊網站，購買套票。例如我這次買了包含兩晚飛船酒店住宿、飛船樂園及海洋王國三日多次票各 2 張、長隆秀普通座 2 張及卡卡虎奇遇記門票 2 張，淡季平日總費用為 ¥2,718，遠較分開購買便宜，更可提前 1 小時入園。不過渡假區內酒店質素普通，如果想住得更舒適，橫琴及南灣近年有不少高檔次的國際品牌酒店落成，淡季平日價格普遍不貴，體驗也會更好。

珠海長隆附近設有城際鐵路站「珠海長隆站」，不過離渡假區較遠，步行前往最近的企鵝酒店也要約 10 分鐘。加上城際鐵路需要安檢及提早到站候車，對由港珠澳大橋出發的港人來説比較麻煩，因此不建議以此方法前往。

渡假區現正興建來往大橫琴山的觀光纜車，而山下的纜車則設在長隆劇院旁。唯本書截稿時仍未有具體落成時間，故未能為各位詳細介紹。

附近景點

星樂度‧橫琴碼頭驛站

址 環島東路 5000

這裏的出品不但很適合打卡，而且以注重環境的餐廳來說，質素很不錯。例如法包在上菜前有預先烘熱，口感十分酥脆；煙三文魚充滿油香，比內地不少同價位的西餐廳都做得好。

在珠海長隆渡假區大門口對出岸邊，有個叫星樂度‧橫琴碼頭驛站的地方，與澳門的路環隔海相望，是看海的好地方。

亮渡 LighHouse 海景餐雖然景觀有點被遮擋，不過環境比較幽靜。

有別於前文介紹的灣仔海鮮街，需要顧客自行購買海鮮再拿到餐廳加工，這裏的海鮮餐廳經營模式都是店家直接提供海鮮，較為方便，不過海鮮質素比較普通，價錢也不便宜。

橫琴鎮

在橫琴碼頭驛站對面，是橫琴發展前整個島最多人居住的地方——橫琴鎮。由於毗鄰珠海長隆，今時今日的橫琴鎮已變成非常商業化的小鎮，有不少專為遊客而設的餐廳，特別是海鮮餐廳。

橫琴其他商場餐廳

橫琴中央滙

址 香江路 10 號

2018 年開業，原名橫琴新家園商業街的橫琴中央匯，是橫琴首座商場。雖然總面積不大，加上採用露天商業街式設計，大部分公用區域均沒有冷氣，夏天到訪會較為辛苦；不過由於商場歷史相對悠久，因此招租率尚算不錯。

現時進駐的商戶多以餐飲店為主，當中不少為知名大型連鎖品牌，例如喜茶、麥當勞、Starbucks、Burger King 等。

還有澳門粵菜品牌粵匠的分店，價格較澳門總店便宜，因此不少澳門人會到此分店用餐，亦令這家餐廳成為商場最具人氣的商戶。

不過由於這家餐廳的「創意」菜品和內地另一家知名粵菜餐廳炳勝品味很相似，因此就不作深入介紹了。

花海長廊

顧名思義這是一條種滿各種花卉的海濱長廊，視乎不同季節可以觀賞到不同的花群。當中以 11 月至隔年 1 月的異木棉（又名櫻花木棉）最為壯觀，總共有約 4,700 株，長約 6 公里，形成超長的粉紅色花海。（我到訪時已錯過最佳觀賞時間，拍出來的效果略為失色）

花海長廊位於橫琴島北岸，東起橫琴大橋，西南至港澳大道，全長約 13.6 公里。

長廊上散佈了 5 座不同主題、提供不同功能與服務的「驛站」。例如小教堂造型的 2 號驛站，現時進駐了一家名為「濱茶」的茶飲店。

「濱茶」是大橫琴集團其下品牌，同集團同時營運下文介紹的星樂度．露營小鎮，因此這裏除了有售賣星樂度吉祥物的周邊，牆身亦畫滿吉祥物的漫畫。加上桌椅均是黑白色，讓人有種置身漫畫世界的感覺。

星樂度‧露營小鎮

2018 年開幕的星樂度‧露營小鎮，是以露營及無動力樂園為主題的渡假區。雖然名為「露營」，卻與港人認知的「露營」有較大差異。

這裏並非設有大草地，供遊人自行搭建帳篷過夜；而是有不同形式的獨立住宿單位，包括較具「露營」風情的露營房車、木屋、貨櫃屋等。

不過更多的其實是不同風格的小別墅，例如設有超大觀景落地大玻璃窗的湖畔小屋。

非星樂度住客需要購買門票入場。門票種類繁多，最便宜的是夜場票，單人價格為 ¥58。

星樂度附設珠海最大的無動力樂園——星奇塔無動力世界，開幕之初更號稱是亞洲最大的無動力樂園，是很適合小朋友放電的地方。不過近年內地各大城市亦有不少大型無動力樂園相繼落成，例如 2024 年在《深圳》一書中介紹的龍崗兒童公園，相信星奇塔早已不是亞洲最大的了。

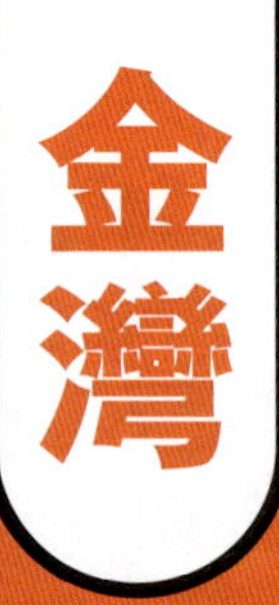

金灣

作為珠海副中心的金灣，其近年重點發展的航空新城內，設有多個公用配套設施，包括大劇院、藝術館、圖書館等，亦有大型商場、室內冰雪主題樂園及酒店。區內亦有附設主題樂園的溫泉渡假區海泉灣，以及高質素的兒童室內遊樂場湯臣倍健透明工廠，讓整個金灣區成為很適合親子遊的區域。

此外由於珠海機場坐落於區內，因此每兩年舉辦一次的珠海航展，主會場順理成章亦是設在機場旁的珠海國際航展中心。下一次航展將在 2026 年 11 月舉辦，如果你等不及，也可以去參觀號稱「永不落幕的航展」、剛搬到4號館、長期開放的珠海太空中心。

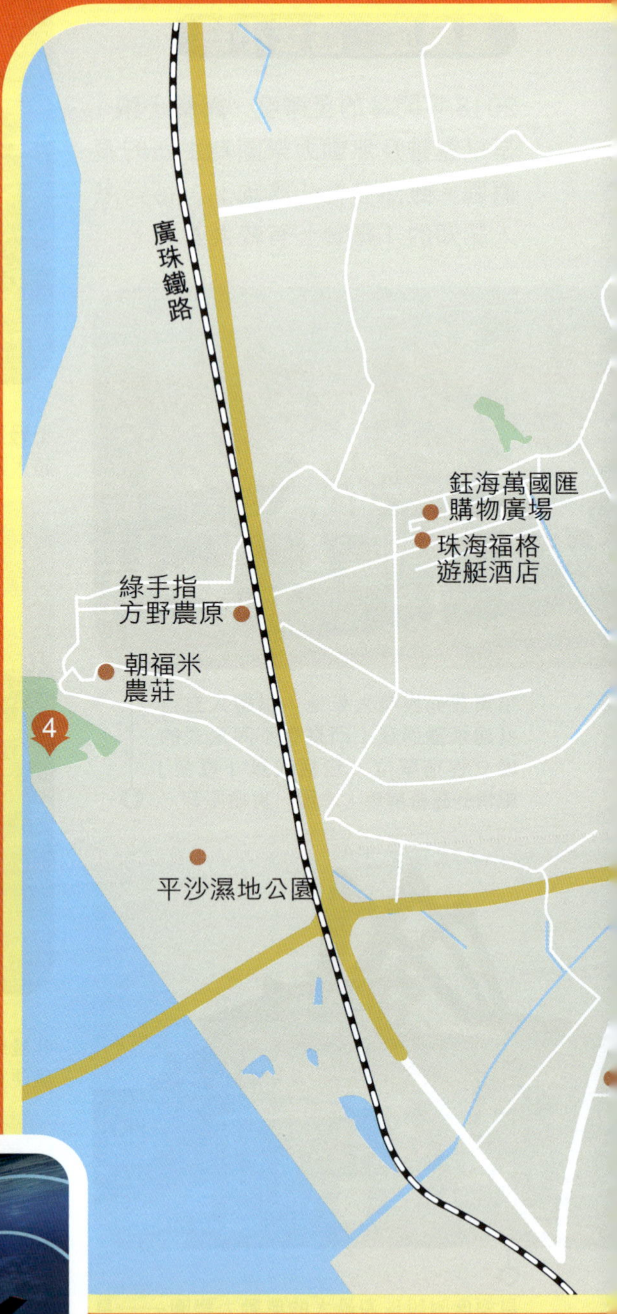
廣珠鐵路
鈺海萬國匯
購物廣場
珠海福格
遊艇酒店
綠手指
方野農原
朝福米
農莊
4
平沙濕地公園

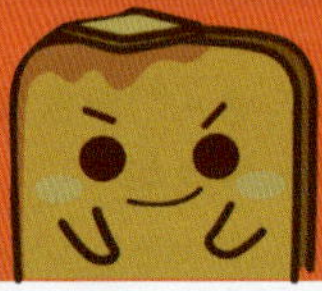

蛟龙
蛟龙号
JIAOLONG MANNED
DEEP-SEA SUBMERSIBLE

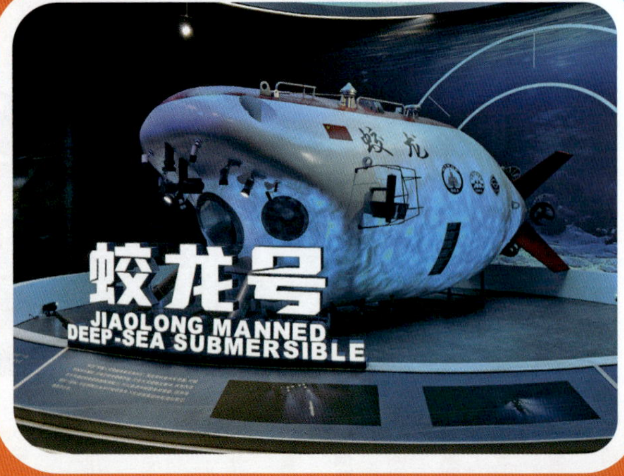

MAP

珠海斗門
世榮萬達廣場

珠海斗門
亞朵酒店

主記
大排檔

紅旗1970
藝術區

金灣
華發商都

小林山
生態公園

珠海金灣
高爾夫俱樂部

金湖公園

天下客
休閒農莊

觀音
郊野

金灣區
博物館

珠海科技學院

麗星
雲漫酒店

Icon Lab
格萊美匯酒店

珠海
機場站

武漢大學

海金灣
泉灣亞朵酒店

木頭沖沙灘

珠海金灣
機場

金灣景點列表

1 金灣藝術中心
2 毛林金灣大酒店冰雪運動城
3 珠海太空中心
4 海泉灣渡假區
5 木頭沖鶴道
6 沙攔落日旅拍營地
7 湯臣倍健透明工廠

2023 年 11 月 OPEN

金灣藝術中心

址 山湖海路航空新城中心湖中央

與內地近年新建的藝術館一樣，這個藝術中心也以黑白色作主調；加上巨型玻璃天幕及幕牆，以及只有一個大展廳，令整個展館採光度十分高，幾乎每個角落都能引入自然光。

近年發展迅速的金灣航空新城，以珠海市副中心為定位。區內建有多座便民設施及展覽場館，當中最大型的是位於中心湖中央的金灣藝術中心。由於位處湖中，內設大劇院，加上造型獨特，網上有說它是「珠海版悉尼歌劇院」。

中心由四大場館組成，分別是大劇院、多功能廳、藝術館及 X 空間，當中**只有藝術館毋須購買門票**即可免費入內參觀。

藝術中心由國際知名建築事務所札哈．哈迪德設計，從空中俯瞰就像展翅待飛的蝴蝶。如欲欣賞建築物整體外觀，可考慮入住旁邊的珠海華發萬豪酒店，在酒店的空中大堂即可眺望整隻「蝴蝶」。

自然光除了能達到節能效果，更讓參觀者可在舒適充足的光線下欣賞藝術品。

貫穿 3 層樓的三角型旋轉樓梯，不但連通各個樓層，流線型設計亦令靜態的藝術館增添幾分動感，同時增加不少有趣的打卡位。

由於天幕呈大網格狀，加上展館內有不少純白色牆身，若在陽光普照的日子到訪，能拍到不錯的光影效果。可惜當天霧氣較重，未能為大家拍下最佳畫面。

西Dor小貼Si

金灣藝術中心周邊還有金灣區圖書館、檔案館、市民服務中心等公用設施，圖為圖書館。

亦有現時金灣最大商場——金灣華發商都，裏面有不少港人熟悉的連鎖商戶。部分餐飲店設有戶外座位，可以觀賞中心湖及藝術中心景色。

中心湖緊靠後文介紹的金灣毛林大酒店對出的濕地公園，到訪當天交界處長滿一大片蘆葦，很適合打卡。

真冰溜冰場

2024 年 1 月 OPEN

毛林金灣大酒店冰雪運動城

址 三灶鎮金河東路 577 號
時 週一至六 10:00~21:00、週日 09:30~21:00
費 （兒童票）平日 ￥81、週末 ￥141，雙人票 ￥181，尚有其他類型門票

與金灣華發商都一街之隔的金灣毛林大酒店，共有 800 多間客房，是珠海最大獨棟式酒店之一。以渡假村作定位，附有不少玩樂設施，當中最吸引港人的相信就是冰雪運動城。

它是珠海首個大型室內冰雪主題樂園，面積達 6,000 平方米，甚至比深圳不少同類型樂園大得多。當中最大賣點是「繞場一周」的真冰溜冰場，沿着場館邊而建，包圍着其他項目，慢步滑的話大概也要滑上 5~6 分鐘。

另一賣點是 3 條不同速度的滑梯。雖然這裏是冰雪樂園，不過這些滑梯並不是真冰做的冰滑梯，而只是髹成白色的普通滑梯，有點興味索然之感。

和不少室內冰雪樂園一樣，這裏也有長期飄着人造雪的小小區域，但是佈景較為隨意，打卡效果稍遜。雖然這裏開幕只有一年，但是提供的保暖大衣保養狀況一般，亦影響打卡效果。

這裏有兩個大型機動遊戲，其中一個是動感影院「毛林星球」。不過影片內容與冰雪完全沒有關係。

另一個是超好玩的「冰上碰碰車」。雖然操作有點複雜，需要較多時間上手，不過靈敏度高，很容易做到「飄移」效果，也方便「追撞」別人。比較可惜的是只有兩架碰碰車，所以只能單對單比試。

這裏還有街機、夾公仔機、鏡子迷宮等遊樂設施，不過吸引力不大，就不詳細介紹了。

西Dor小貼Si

除了冰雪運動城，酒店亦有兒童遊樂城（須另購門票）及無邊際泳池等設施。泳池又大又方正，可俯瞰旁邊濕地公園景色。

酒店供應含有客房、冰雪運動城、兒童遊樂城門票的套票，價格由￥999起。雖然這是2024年開幕的酒店，但裝修十分「懷舊」，風格走八、九十年代路線，用大量啡色仿雲石花紋膠板鋪砌每個角落，甚至連基礎房型也是這種風格！

幸好還有較鮮艷明亮的親子房可供選擇，稍為減輕「年代感」。

2024 年 9 月 RELOCATE

珠海太空中心

址 三灶鎮金海東路珠海國際航展中心內
時 10:00~17:00（16:30 停止入場）
費 單人票 ￥168、兒童 / 學生票 ￥88，還有其他類型門票

展館分為 3 大展區。第一展區為航天主題館，近大門的展廳擺放了鎮館之寶 —— 1:1 的天宮空間站模型。由於懸掛在寬闊的展廳中央，第一眼看到有種被震撼到的感覺，頓時覺得人類十分渺小。

每兩年一屆的珠海航展，主會場設在珠海金灣機場旁的珠海國際航展中心內。為方便遊人於非航展舉行期間，亦能了解國家的航天及航空科技發展，珠海太空中心於 2023 年初在國際航展中心開幕，並於 2024 年 9 月遷往 4 號館。新館規模擴至兩層高達 7.63 萬平方米，更新增天文主題展區、互動科技體驗等內容，號稱「**永不落幕的航展**」。

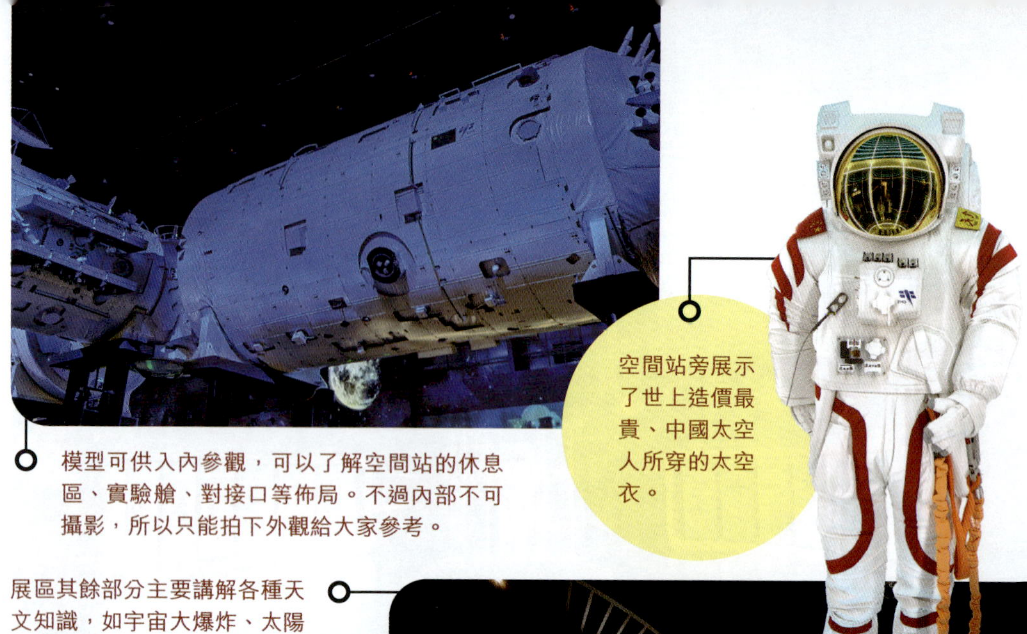

模型可供入內參觀，可以了解空間站的休息區、實驗艙、對接口等佈局。不過內部不可攝影，所以只能拍下外觀給大家參考。

空間站旁展示了世上造價最貴、中國太空人所穿的太空衣。

展區其餘部分主要講解各種天文知識，如宇宙大爆炸、太陽系、登月及登陸火星等，內容與時並進。

各種長征火箭模型，不過不是跟空間站一樣原大，大部分均是 1:10。

中國古代觀測天文的各種儀器，如渾儀、日晷等，並介紹不同節氣的特點。

「太空電梯」據說是參考電影《流浪地球》而設計，站在裏面被三個大屏幕包圍，模擬一飛衝天的感覺。

這裏也有不少太空主題的 VR 遊戲。不過到訪當天開幕還不足半年，已有不少互動設備損壞。例如這個射擊遊戲的發射按鍵是壞的，只能由工作人員用鍵盤按壓後台電腦的滑鼠來持續發射子彈。

第二展區為國防主題館，主要展出國家的重型武器模型，例如紅旗、東風、巨浪、鷹擊系列導彈。

亦有介紹陸上裝甲武器，如 99A 坦克、兩棲突擊車等，後者更可進入內部，以 VR 形式體驗作戰的緊張氣氛。

第二展區特設「4D/VR體驗區」，是於特定時間才有放映的影院，上午為 VR 時段，下午則為 4D 時段。

據工作人員介紹，兩個時段放映的內容完全不同。我當天來得比較早，只觀賞了 VR 的場次。內容模擬國家被外國侵略，要派遣駕駛戰車及戰鬥機還擊。影片以紀念 2001 年南海撞機事件犧牲的飛行員作結。

最後一個展區為航空主題館，當中最矚目的是 1:2 的殲 20 模型。

C919 模擬訓練機。不過可能是免費體驗版本，可供操控的地方並不多，只有上升下降及轉彎。

在 2 樓航天及國防館之間的通道旁，擺放了多部另作收費的其他類型飛行模擬器，收費由 ¥58 至 ¥138 不等。

西Dor
小貼Si

珠海航展舉行期間，會有大量旅客湧入珠海，令酒店客房嚴重供不應求，價格亦上漲不少。因此除非你想參觀航展，否則不太建議選擇那段時間來珠海遊玩。

海泉灣渡假區

址 平沙鎮海泉灣路 801 號

珠海有兩個大型溫泉渡假區，其中一個是位於斗門區的御溫泉，後文會有介紹；另一個則是在 2006 年開業，由香港中旅開發，位於金灣區西部海濱的海泉灣。

雖然後者玩樂體驗遠遠沒有前者豐富，不過我反而更喜歡這裏。或許是因為到訪當天並非假日，加上下大雨，整個渡假區沒甚麼遊客，能體驗到休閒渡假的感覺。最值得一讚的是其服務質素，我甚至覺得可跟迪士尼樂園媲美，大部分員工都非常熱情地對待每位客人，亦會主動詢問有甚麼要幫忙。

渡假區主要由兩間酒店、溫泉區及樂園構成。由於面積頗大，各區域之間步行距離較遠，有需要可乘坐觀光車代步。

兩間酒店之中，天王星酒店比較舊，裝修風格有點過時，不太建議入住。

基礎房型有 45 平方米，並配備浴缸。到訪當天為 11 月的工作日，客房連雙人早餐、溫泉和樂園門票價格約 ¥1,200。

2023 年 9 月 OPEN

帆酒店

帆酒店於 2023 年翻新完成，並按照豪華酒店標準設計，很適合對住宿有一定要求的人士。

絕大部分房型均附設露台。由於位處海濱，海景房型更可飽覽黃茅海景色。少數高級房型甚至設有私人溫泉，可以在私密環境下一邊泡溫泉，一邊欣賞海景。

海的對岸是江門，還可遠眺 2024 年 12 月通車、連通珠海和江門的黃茅海大橋呢！

酒店亦在海邊觀景台上搭建了造型獨特的白色建築物供人打卡。

由於視野十分開闊，令海泉灣成為珠海著名的觀賞日落好去處。我於 11 月到訪時天色甚差，為了求證這裏的日落是否值得一看，所以在 12 月時再特意花一個下午到訪，才能拍下這個美麗的「鹹蛋黃」。

海洋溫泉

時 09:30~00:00（23:00 停止入場）

雖然溫泉區就在帆酒店旁邊，不過兩者並沒有內部通道連通。由酒店步行前往約需 5 分鐘，並需經過約兩層高的樓梯。

溫泉的面積比起後文介紹的御溫泉大得多，甚至設有室內區域，即使是嚴寒天氣也可在較舒適的溫度下泡溫泉。

主池是一個嬉水池，旁邊設有自助租賃機，可以租用電動水槍、電動游泳圈等玩樂設備。

這裏有不少特別的溫泉，例如酒紅色的紅酒泉、混入咖啡粉的咖啡泉等，亦有多款較常見的中藥及瓜果泉。

靠近海邊設有大屏幕，到晚上就會播放電影，讓大家邊泡溫泉邊觀賞。

我喜歡這個無邊際溫泉，不但可以邊泡溫泉邊欣賞海泉灣的無敵海景，打卡效果也一流，但首先要有耐性等那滿滿的打卡人潮散退。

溫泉區甚至有獨棟別墅可供入住。

當日目測池邊積聚了不少礦物結晶，可能要加強清潔密度。另外據說海泉灣的泉水屬於深海海水，所以才命名為「海泉灣」，因此泡溫泉時不要誤喝泉水。

溫泉區佔地夠大，溫泉池數量夠多，即使是旺季也很容易找到能獨享泡泉之樂的地方；加上大部分區域都充滿異國風情，讓人有種到外國渡假的感覺。

神秘島

由於海泉灣位置偏僻，附近並無其他旅遊景點，因此渡假區較吸引的娛樂體驗除了泡溫泉和看日落，基本上只有區內樂園「神秘島」。

樂園大致上可分為四大區域。一是機動遊戲，有過山車、跳樓機、碰碰車、旋轉木馬、3D 影院等。不過老實説設備有點陳舊，不是很吸引。

二是水公園，即水上樂園，不過在冬天這個適合泡溫泉的季節不會開放。面積不算大，勝在設備應有盡有，而且才開幕幾年，設備尚算簇新。

三是 2022 年開幕的蛋獺無動力王國，亦即無動力樂園，這是內地近年流行的兒童公園，同樣有繩網陣、攀爬架、滑梯等兒童遊樂設施，不過更為大型。

四是萌寵樂園，顧名思義這裏有很多種小動物可以親近，包括小豬、小鴨、松鼠、羊駝等等。

園內還有不少不用電，要靠人力操作的「機動」遊戲。部分更可以從中學到一些科學原理，例如我玩的這個抽水裝置。這些遊戲不但很適合小朋友來玩，就連我這個「老頑童」也覺得這是整個樂園最好玩的部分呢！

這是我近年在各渡假區中見過最大型的萌寵樂園，它甚至有一個馬術場，可以另外付費策騎小馬，價格由 ¥88 起。

渡假區餐飲

烹飪圖書館

址 時光序行銷中心旁
時 10:30-20:30
消 ￥66/人

這是一家面向大海的餐廳，雖然與大海之間隔着草地，但透過落地大玻璃能看到很開闊的景色，感覺很 Chill。

在帆酒店旁邊的烹飪圖書館，是我暫時在海泉灣吃過味道最好的餐廳。

除了書本，由於是以烹飪作主題，餐廳還有些非常有趣的藏品——在一個非常大的架子上，擺放了近百款香料，讓食客認識一下。

既然叫做「圖書館」，這裏真的有好幾個書架，而且有不少和烹飪有關的藏書，讓大家置身書海裏吃飯。

肉醬意大利麵（￥58）
是我近期在內地吃過同價位肉醬意粉中比較高質的。並非使用罐頭肉醬，而是以新鮮肉碎製成。意粉做到半生不熟，口感很彈牙。

檸檬烤雞（￥88）
外皮脆得像薯片，雞肉也夠嫩滑，肉質紮實，像是走地雞，雞味很濃。雖然價格不貴，但仍然花了點心思做擺盤。

渡假區附近餐廳

海泉灣周邊沒甚麼景點，包圍它的只是一大片農場，在這裏住的話基本上只能夠享用渡假區的設施。不過正因為附近農莊多，亦代表多農家菜餐廳，這些餐廳出品的質素普遍比渡假區的好，值得一試。但我只建議自駕人士前往，因為這些地方是很難叫車。

各農莊之中，以「綠手指方野農原」最具名氣，除了因為裝修較花心思，走文青風格外，也因為據説是由北大、清華等著名學府的畢業生營運。不過由於裝修比其他農家菜餐廳好一點，所以價錢也會稍貴。

綠手指方野農原

址 平沙鎮升平大道西綠手指有機農園內

時 週二至日 10:30~14:30、16:30~20:30

消 ¥83/ 人

我最欣賞的就是這本純手工製作，關於農莊和餐廳介紹的小冊子，每張桌子上都有一份。由於是人手寫及畫，每一份都有些許差別，感覺老闆們真的很用心去經營這個農莊。

餐廳聲稱超過七成的食材選用自家農莊養殖的有機食材。例如我們點了一條蒸鯇魚，店員就立即跑到餐廳對出的魚塘，撈起一條鯇魚到廚房加工。

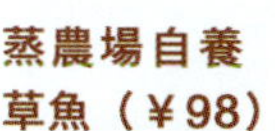

蒸農場自養草魚（¥98）
鯇魚超級新鮮，所以不但鮮味得很，也完全沒有腥味，連泥味幾乎都沒有。

檸檬草醬油雞（¥118）
最招牌的豉油雞，肉質很結實，雞味很重，很明顯是用上走地雞。火候控制得剛好，骨頭還是帶血，肉質也算滑嫩。秘製豉油也夠香濃，但是檸檬草香味不太突出。

西Dor小貼Si

由於是香港中旅開發的渡假區，所以香港中旅有營運來往香港及渡假區的直通大巴。最新班次詳情可向渡假區查詢

渡假區溫泉區對出有個「漁人碼頭」，大概有五至六間餐廳，據酒店員工説部分餐廳的出品算不錯，不過裝修比較老舊。另外雖然這裏有另一個名字「微醺小鎮」，但整個區域只有一間酒吧。酒吧設有戶外舞台，晚上 9 點前顧客可自行上台表演；而 9 點後就會有表演看，不過水平一般。

距離海泉灣大約 20 分鐘車程的平沙鎮，是附近最有人氣的社區，餐廳選擇多元化。這裏更有一座小型商場「鈺海萬國匯」，有較為人熟知的連鎖餐飲品牌，如 KFC、喜茶等。

金灣區其他景點

2024 年 5 月 OPEN

沙攔落日旅拍營地

址 石基北路與 587 縣道交叉口西南 500 米
時 10:00~18:00
消 ¥30 / 人

位於橫石基的沙攔落日旅拍營地，其實就是位處海邊的大草坪。草坪上有一棟教堂造型的白色獨棟建築，稱為「無影教堂」。由於造型十分有美感，隨手一拍都能輕易拍出不錯的效果。

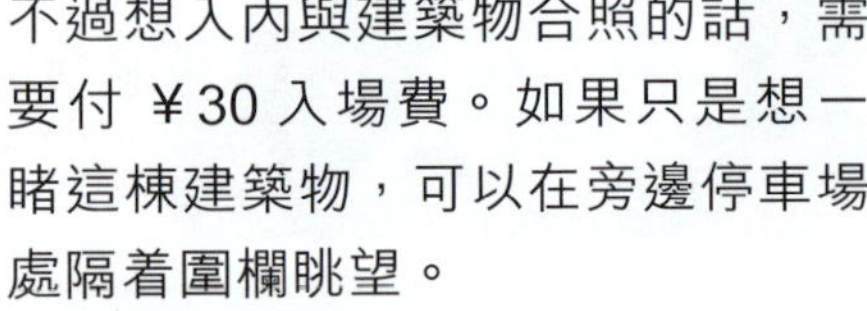

不過想入內與建築物合照的話，需要付 ¥30 入場費。如果只是想一睹這棟建築物，可以在旁邊停車場處隔着圍欄眺望。

另外旁邊的橫石基沙灘，據説是很適合看日落的地方。可惜到訪當天傍晚時分突然有大霧籠罩，未能觀賞。

木頭沖鶴道

址 三灶鎮木頭沖村

木頭沖鶴道是一條由木頭沖村所建、免費開放的架空步道，全長645米，依山而建。之所以叫做「鶴道」是因為其造型靈感源自三灶鎮國家級非物質文化遺產「三灶鶴舞」，步道猶如鶴般蜿蜒於山林花海之間。

步道周邊種滿火焰木。到訪當天剛好是開花期，可從步道上以較近的距離觀賞樹上形似烈焰的花朵。

此外亦可俯瞰小溪兩旁的田園風光及花海。由於水質清澈，吸引不少小朋友在這裏嬉水。

田野間有多個以木頭及稻草製成的雕塑，雖然山寨感頗強，卻為這個地方增添幾分童趣。

湯臣倍健透明工廠

址　三灶科技工業園星漢路 19 號
時　09:00~17:00（16:00 停止入場）

先説明一下，湯臣倍健是一家經常在內地綜藝節目打廣告、生產營養保健品的公司。先暫不討論該公司的宣傳手法，湯臣倍健透明工廠的確是比較高質素的旅遊景區，所以還是值得花點篇幅來介紹。

參觀前須穿着指定的防護衣，戴上鞋套及頭套，但竟然不用戴口罩？

每人會提供一部講解機，沿着參觀路線走，到達特定地點就會開始自動播放講解。

透明工廠

景區分為免費入場的「透明工廠」及需付費的「營養探索館」兩大景點。其中透明工廠每天開放其中一棟工廠供遊客參觀，到訪當天開放的是四號工廠。

工廠共有兩層可以參觀，分別為 5 樓及 2 樓。其中 5 樓為生產線樓層，可以隔着玻璃看到湯臣倍健旗下產品是如何製造。

不過在沒甚麼遊客的日子，大部分生產線均會暫時停產。如果真的想了解整個製作流程，建議週末或假日才過來。

2 樓則是介紹湯臣倍健旗下各款產品的展館，設計得頗有科幻感。不過除非你有興趣購買這些產品，否則沒甚麼得着。

共兩層高，需要收費。這裏可說是以營養健康作包裝的兒童室內遊樂場。

營養探索館

費 單人票 ¥60、雙人票 ¥89，尚有其他類型門票

館內設有數十個多媒體互動遊戲。由於以營養健康作主題，需要消耗體力的運動類型遊戲佔比較多，而且主要集中在 1 樓，較為適合年紀較大的小朋友及大人遊玩。

在各遊戲旁邊，均有對應遊戲內容的健康資訊展板。亦因為這裏是由湯臣倍健開設，當然用了不少軟性手法推銷湯臣倍健的產品。例如湯臣倍健有生產魚油類產品，所以這裏用了較多篇幅介紹魚油如何令愛斯基摩人更健康。不過這裏引用的數據及資料是否 100% 真實，我就沒有查證了。

2 樓以休閒遊戲為主，較適合幼齡小朋友。如果每個遊戲玩一遍，約需 2 至 3 小時。

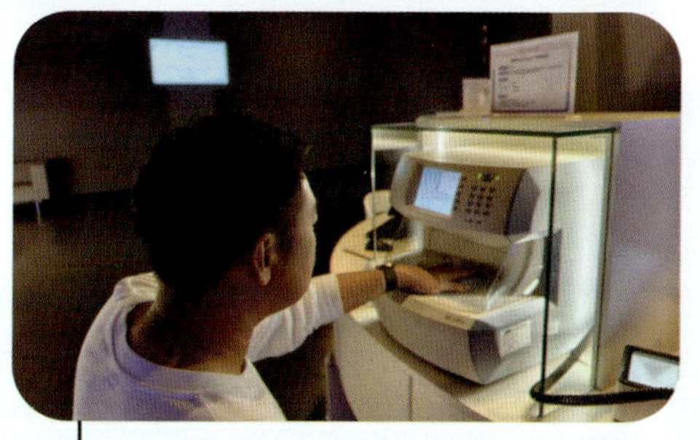

每名進場人士可在 2 樓的雲健康中心免費選擇兩項小檢測，包括骨密度、人體成分分析、糖基化終產物等等。

2 樓設有咖啡藝術空間，除了供應常見的咖啡茶飲，最特別是有售賣各種口味的蛋白雪糕——即是用湯臣倍健最主打的蛋白粉來製作的雪糕。有一股很濃烈類似奶的味道，但又會覺得這股奶味有點空虛單調，此外有頗多未完全溶化的蛋白粉顆粒，令口感沒有正常雪糕般幼滑。不過整體而言不算差，可以一試。

斗門

雖然斗門的地理位置是珠海各區之中距離香港最遠的一個，但相信不少人都曾在電視上看過這裏的風光。除了因為亞洲電視一套電視劇集《再見艷陽天》在斗門取景，區內最具人氣的景點御溫泉據説亦是由港人投資興建，早年經常面向港澳人士宣傳。

由於斗門的發展相較珠海其他區域緩慢，這裏仍然保留了鄉村及田園風光。為了大力發展旅遊業，近年不少景點及鄉村均進行大翻新或活化工程，讓過來泡溫泉的旅客有更豐富的旅遊體驗。

斗門景點

1. 御溫泉
2. 斗門舊街
3. 接霞莊
4. 斗門印象小鎮

MAP

鐵爐山
森林公園

沾溪祖廟

百香緣莊園

黃楊八景
牌坊

馬角廟

黃楊山
森林公園

麗楓
酒店

大信新都匯

9

10

11

12

5

萬科生活中心

尖峰山
公園

黃楊河
濕地公園

盛客購物廣場

6

華發水郡
省級濕地公園

田園部落
生態農業

珠海大道

家和城
廣場

13

珠海藝術
職業學院

春天
購物廣場

廣東科學技術
職業學院
珠海校區

金灣中心河
濕地公園

5 斗門招商花園城
6 斗門世榮萬達廣場
7 欵利麵家
8 犬禾咖啡
9 佬趙甜品
10 傳統糖水
11 緊記糖水冰廳
12 乾霧糍水
13 白藤頭水產批發市場

御溫泉

址 斗門鎮斗門大道 333 號

據御溫泉的官方介紹，它是內地第一個溫泉渡假區；而據説御溫泉的老闆是香港人，早年經常針對港澳市場進行宣傳，所以相信不少讀者對這個名字並不陌生。

近年由於「大餐廟會」深受年青人歡迎，吸引不少內地企業選擇該渡假區作為團建活動場地，以致即使平日也是一房難求。

雖然賓客盈門導致在這裏的體驗沒有海泉灣那麼寫意，但正因生意興隆，令御溫泉有充足資金不斷為渡假區加添新設施及進行翻新。加上周邊有其他旅遊景點，讓御溫泉的玩樂體驗比海泉灣更豐富，每次到訪也充滿新鮮感。

御溫泉自稱是仿唐風裝修，不過坊間普遍認為更像日式風格，因此有不少住客會租借和服在渡假區內打卡。

如欲租賃服飾，除了可以光顧渡假區的「御服店」，亦可到附近的服裝店看看。店舖大多聲稱主要出租漢服，不過仔細一看其實更多為和服款式。你甚至可以考慮光顧淘寶上的店舖，叫店家直接寄到渡假區。

渡假區近年新增了不少打卡位，例如火車站場景，讓大家體驗「那些年」的感覺。

西Dor小貼Si

現時御溫泉每日提供三班來往港珠澳大橋珠海口岸和拱北口岸的免費穿梭巴士服務，可以提前至少一天打電話預約，具體上車點可在御溫泉的微信公眾號查看。

到達渡假區後，需要先到大門旁邊的入住辦理大廳輪候籌號辦理入住手續。

正常情況，御溫泉只會以 Staycation package 模式出租客房。辦理入住後，前台會給予一疊禮券，用來兌換套餐內包含的各種玩樂體驗。由於這裏經常滿房，通常要待下午三點後才能領取房間匙卡；退房時間為翌日下午一時，較其他酒店晚一點。

酒店介紹

御溫泉設有多間酒店，包括2024年年底翻新完成的御瀛莊；裝修最舊但最便宜的雲來客棧；2020年開幕，樓層數最多，有六至八人客房的長盛莊；以及設有私湯，四合院風格的御泉府邸。由於我並沒有入住過後兩者，只能介紹前面兩間酒店。

雲來客棧

由於雲來客棧已多年沒有翻新，裝修略顯殘舊。房間色調偏沉，燈光偏暗，窗外亦有不少遮擋物。

房間設備和服務普通。電視款式有點陳舊，榻榻米床鋪要自行鋪好。

不過雲來客棧及長盛莊近年新建了一條直接通往溫泉區的通道，讓兩間酒店的住客可以不用離開酒店，甚至可以穿着浴衣前往溫泉區浸泡，比起離溫泉區較遠的御瀛莊更方便。另外酒店的升降機內部也是充滿驚喜！這裏就先賣個小關子，留待大家自行探索吧！

2024 年 12 月 OPEN

御瀛莊

相較於廉價民宿風格的雲來客棧，2024 年 12 月翻新完成的御瀛莊較像四星級酒店。由於定位較為高級，因此價格亦比雲來客棧稍貴一點點。我 2024 年年底平日入住基礎房型，連雙人早餐、大餐廟會及其餘娛樂項目費用為￥1,600，比雲來客棧才貴幾十元！不過據渡假區工作人員透露，想入住這家酒店是有條件的，首先要先來過御溫泉遊玩，加上渡假區銷售人員的微信號，才能透過微信預訂，可說是只做熟客生意。

基礎房型空間感及採光度較高，加上以原木色作主調，整體感覺更寬敞舒適及符合現代審美。

房內有頗多有趣的細節位，例如這個隱藏式梳妝台。也有小冰箱、咖啡機，甚至微波爐和迷你電飯煲呢！

白天靠窗的榻榻米位置，放置了一張小茶几，方便住客泡茶喝。這裏還暗藏玄機，只要把小茶几旋轉 90 度，就可以藏到下面的暗格裏。

到晚上 6 點左右，就會有服務員幫你鋪好床鋪。

御溫泉聲稱每個溫泉池每隔四個小時會清洗一次，我也發現池邊完全不見任何沉澱物，清洗工作做得很徹底。

溫泉區

由於渡假區不大，溫泉區也比較小。加上經常滿房，所以下午時段這裏往往人滿為患。

溫泉區是 24 小時開放，凌晨時分會較少人泡溫泉，感覺會舒適及乾淨一點。

除了普通溫泉池，也有比較特別的中藥泉。添加的藥材包每隔一段時間就更換一款，因此雖然這裏沒有海泉灣大，但溫泉款式較多。

如果忘記帶泳褲，男更衣室裏有免費提供的即棄泳褲；但是淋浴間全是開放式，怕尷尬的話就要回到酒店客房洗澡。

大餐廟會

近年超受歡迎的大餐廟會，簡單來説就是自助餐，用餐時間是由晚上 6 點到 10 點。

這裏的菜品質素各有好壞。比較高質的有牛肋肉、牛脷、燒蠔等。我最愛的是白蜆，夠大隻夠肥。刺身、燒排骨等等質素一般。

鍋邊糍是斗門的特色小吃，也是這裏最吸引我的美食。口感有點 Q 彈，很重米香味。海鮮湯加了不少海鮮，非常鮮甜，絕對不輸坊間著名小店的出品。

最獨特之處是在一個超級大、差不多佔了半個渡假區的區域裏，擺了好幾十個攤檔，每個攤檔只提供一到幾款菜品。

由於不少菜品都是現做，所以一開始所有攤檔都排至少五分鐘才能領到菜品。假如你是兩個人來，排完一個攤檔之後就要立即走去另外一檔繼續排，同時「享用」剛剛拿到的菜品，基本上是沒有機會舒舒服服坐着吃的。

不過御溫泉強調食物是無限量供應的。我兩次來到都發現，絕大部分攤檔 9 點半還在正常出餐。所以可以用我接下來的招數，減少輪候時間。

由於大多數人會選擇先吃飽才去玩，所以一開始那些攤位遊戲都是沒甚麼人排隊。你可以反其道而行，先玩攤位遊戲，再去吃東西。如果贏了攤位遊戲，可以贏到更多衙票。除了可以再用來玩其他攤位遊戲，還可以在會場內的禮品屋換領禮品。

入場時工作人員會派發 10 張衙票，其中一個用途是可以用來玩攤位遊戲。

渡假區其他項目

旁邊的「娛樂圈」每晚設有十多個攤位遊戲，除了可以用辦理入住時派發的遊藝券來玩，也接受大餐廟會的衙票。

白天雲來客棧對出有一個單車攤位，可以憑單車租用券，借用雙人單車在大餐廟會會場繞一圈。不過大部分單車保養一般。

渡假區大門旁邊的籃球場會變成煙花區，可以憑煙花券換領 6 支仙女棒。送個用仙女棒寫的「西」字給大家 XD ~

由於御溫泉很受年輕人歡迎，所以早餐時段的時長也很照顧年輕人，由早上七點半到中午十二點，也是我第一次看到酒店的早餐營業到這麼晚。

早餐有點像大餐廟會，設有不少現做的攤檔，通常都需要花點時間排隊。另外這裏有不少傳統廣東風味美食，譬如有生滾粥、腸粉、豆漿、油炸鬼、豆腐花等等。

斗門舊街

址 群眾前街 5 號

由於這裏是遊客來斗門玩的必到景點，所以有不少售賣斗門特色小吃的商戶，很適合「掃街」。不過由於是遊客區，價格比斗門市區稍貴。

斗門舊街是明清時期斗門一條非常旺的商業街，在民國時期曾經歷一場大火。時至今日這裏仍然保留不少民國時期重建的中西合璧騎樓建築，且有很多具藝術感的浮雕裝飾，在這裏打卡很有穿越感。加上大部分舊建築都在近期翻新過，打卡效果就更好。據説這裏也是已倒閉了的亞洲電視，其中一套電視劇《再見豔陽天》的重要拍攝場地。

除了剛完成的翻新工程，斗門舊街也在擴建中。我於2025年年初到訪時，發現遊客服務中心及藝術館即將落成，也多了商舖在招租中，讓本來短短的斗門舊街延長了一倍左右。另外更新建了一個頗大的露天停車場，自駕遊人士要泊車就更方便。

嶺南餅家

址 和風中街 67 號
時 09:00~23:00

一家售賣懷舊中式餅食的舊餅店，也是整條舊街我最喜歡的商戶。

蛋卷
（¥76 / 公斤）
門口有師傅即場製作蛋捲，看着師傅很用心地，慢慢一層又一層將酥皮捲成蛋捲，讓人食指大動！

每一條蛋捲都非常厚實，建議選購剛做起，仍然是熱騰騰的，一口咬下去會感受到最無敵的蛋捲口感，超．級．酥．脆！蛋香味十分濃郁，真的很好吃！

這裏有兩種口味蛋捲，除了原味，還有我覺得更好吃的葱香味。超重葱香，能讓蛋香味昇華，做法雖然簡單，卻勝過珍饈海味。

鹹魚街 8 號老麵館

舊街上最著名的老店，也是一家仍然用柴火來燒菜的麵館，很有風味。由於名氣越來越大，有斗門人跟我說這家店近年經常加價，已經沒有以前那麼划算，但對香港人來說仍然是合理價格。

址　大馬路與斗門二馬路交叉口西北 50 米

時　07:00~19:00

費　¥36 / 人

牛腩炒麵（¥19）
炒麵是招牌菜，麵條口感彈牙，不過稍微硬了一點。

牛腩不算軟腍，幸好滷汁非常香濃。

蒜蓉蒸上横蜆（¥42）
每隻蜆都非常大，而且極度鮮甜，令人欲罷不能！是這家餐廳我最欣賞的菜品。

撈淨雲吞（¥15）
撈淨雲吞也是很多人推介的菜品，如果雲吞皮薄一點會較好。

上湯西洋菜（¥22）
超大一盆，上面有很多新鮮豬雜，建議多找幾位朋友一同分享。

侯氏蝦米糍

址 舊街大馬路 65 號 -2 號舖
時 10:00~20:00
費 ￥22 / 人

顧名思義最招牌的是蝦米糍，不過也有售賣多款米飯、粉麵及小吃，可作為正餐。

蝦米糍（￥15）
一層層的粉皮疊起，口感爽口Q彈，有點像豬腸粉的口感。表面撒上大量蝦米、芝麻和葱花，都是香味很重的食材，每一口都香氣四溢。

搭配的濃稠醬汁有點像上海菜的甜醬油，能提升蝦米的香氣，真的不錯。

趙氏鴨腳包

址 大馬路 8 號
時 10:00~18:00

主打斗門特色小吃鴨腳包，不過只有週末及假期才有賣可以即場吃的版本。

鴨腳包（￥5）
其實是臘鴨腳加臘肉，再用一條臘鴨腸紮好，一小口已能感受到滿嘴都是超級濃烈的臘肉風味，調味適中。但是由於沒甚麼肉，不能作果腹之用，作為佐酒小吃更為合適。

如果你很喜歡吃這些鴨腳包，這裏每天都有賣一些真空包裝的版本，可以買回香港蒸來吃。除了鴨腳包，亦有以鴨其他部位來製作的鴨翅包、鴨下巴等等。

接霞莊

址 南門村新圍

據說是現時珠海其中一條保存得最好的清代古村，保育了不少清代青磚建築。這裏亦是宋朝皇族後裔定居的村落，所以整條村都是姓趙。

從村莊大門口進來後，你會發現左邊的房子會比右邊的房子更大、更高、更好看，因為以前左邊的房子是給大戶人家住的，而右邊則是工人的住所。

部分建築物外牆被髹上很具創意的壁畫，很適合打卡。

整條村不大，沿着護莊河繞一圈大概只需十多分鐘，沿途可以欣賞到田園風光及少量歷史遺物。

荔知・接霞咖啡

址 南門村南門路接霞莊 2 號

時 10:30~18:00

一間古宅裏面的咖啡店。除了特別有古韻味，整間咖啡店每個角落都有花心思設計過；而且是走簡約路線，符合現代人的審美眼光，打卡效果一流。

由於以往是大戶人家的大宅，因此設有金庫作防盜之用。為了讓客人知道金庫的具體位置，咖啡店特意在該房間裏擺放了一些道具金磚 XD。

荔枝（¥68）
既然這裏叫「荔知咖啡」，最招牌的當然是以名為「荔枝」的咖啡豆沖泡的冰滴咖啡。口味偏酸，帶有很濃烈類似荔枝的果香味，後段還會有一股焦香味透出來。

另外特別鳴謝這裏的美女咖啡師，因為到訪當天我打擾了她很久，並從她口中收集了不少關於斗門的旅遊及美食情報。

接霞莊有好幾間農家菜餐廳，每間都主打泥煨雞。荔知咖啡的那位美女咖啡師跟我說，她覺得每間的出品都差不多，甚至它們的泥煨雞都是用同一個爐子來做的，所以味道不會相差很遠。

古法明爐

址 南門村新圍 37 號斜對面

時 09:00~21:00

費 ¥66 / 人

叉燒拼排骨（¥90）

荔枝柴燒排骨和叉燒是斗門的特色菜，在不少地方都能吃到這兩道美食。

叉燒火喉控制得很好，很多塊都有明顯的焦邊，加上用荔枝柴燒製，有很重的炭烤風味。會同時用不同的豬肉部位製作，譬如梅頭、五花肉等等，肥瘦皆有，肉質嫩滑，肉汁豐盈。唯一要挑剔的地方是醬汁稍微鹹了一點。

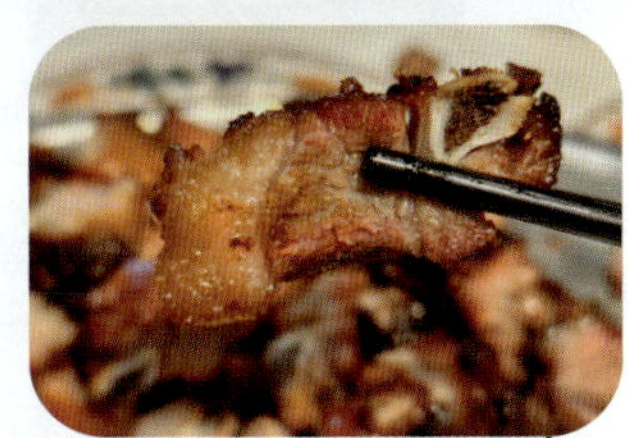

排骨和叉燒的分別不算大，只是肉香味更濃，我覺得更好吃。

泥焗雞（¥100）

到訪當天是平日中午，但也等了差不多 20 分鐘才上菜。泥焗雞是原隻上的，要自己拿剪刀剪開，但是由於剛上菜時非常燙手，剪開後都不能立即吃，由下單到吃到要等大半個小時，所以要預留多點時間。

雞肉嫩滑且結實，感覺像是用走地雞，雞味很重，單論用料質素是非常高。不過調味略為簡單，幾乎只有豉油味。雖然以荷葉包裹，但不太能嚐到荷葉香味。勝在雞皮帶點焦脆，輕微的焦香味讓味道較吸引。

燒雞翅（¥8）

古法明爐比較特別的是有做燒雞翼。雞肉超嫩而且很入味，蜜糖味也夠濃，焦邊位有焦香味之餘，還帶點脆脆的，水準不錯。即使沒空在這裏吃飯，我也建議大家可以買一兩隻帶走，邊走邊吃。

2023 年 1 月 OPEN

斗門印象小鎮

址 斗門鎮下洲村九巷 45 號

時 09:30~18:00

在御溫泉西北面約 1 公里的斗門印象小鎮，是由一條舊村落下洲村改建而成。

和接霞莊一樣，這裏仍然保留了不少舊建築物。不過有別於接霞莊是以前南宋貴族後代居住的地方，房子普遍比較大和堂皇；這裏住的都是普羅老百姓，所以大部分舊屋都是小小的。

有部分甚至並不是用青磚或者紅磚建成，而是用夯土的方法，用泥土壓實來築成牆壁。由於這種建築方法不能長時間保存，所以數目較少，更有部分已倒塌，正圍封着待日後修葺。

作為一個新發展的旅遊景點，這裏現時有 20 多間特色小店，除了有文創精品店及咖啡店，最特別的是有土特產店及涼茶舖。

另外還有不少售賣本地特色小吃的店，而每家店通常只售賣 2 到 3 款，所以想吃遍所有小吃就要多跑幾家店了。部分商戶會平日休息，建議週末或假期到訪。

糖包丸（¥10）

在賣鍋邊糍的店舖裏，還有賣另一樣我沒聽過的小吃——糖包丸。外形像是一顆湯丸，不過餡料卻是片糖碎。

最神奇的地方是，這些糖包丸不是放進糖水裏，而是放進鍋邊糍的湯底裏面煮，做成一碗湯底是鹹的甜湯丸！連同湯底一起吃，味道神奇，甜中帶鹹，鹹中帶甜。餡料裏的片糖仍未煮溶，有點脆脆的口感，糯米皮則煙韌Q彈。雖然味道未必每個人都能接受，但口感絕對100分！

鍋邊糍（¥10）

和我在御溫泉吃到的有很大分別，最明顯是湯底，有別於御溫泉的以海鮮類為主，這裏的雖然有放蝦米，但最主要的還是臘肉，甚至竟然有番薯呢！據説因為斗門以前很窮，只能以這些東西煮湯底，所以這裏的才是最正宗的版本。鮮味較淡，但鹹香味濃厚，與御溫泉的有着截然不同的風味。

炸糯米雞（¥8）

剛走進店舖的時候，聽到附近有港澳旅客很驚訝地叫：「炸糯米雞？」似乎這款小吃對大家來説很有新鮮感。

做法非常簡單，就是把糯米雞裹上炸粉再拿去炸，做成外皮香脆，內裏煙韌的口感。不過更令我驚訝的是這個糯米雞裏面竟然沒有雞！同樣是因為斗門以往比較窮，很少機會吃到雞肉，所以只能用臘腸、冬菇和蝦米製成糯米雞。雖然欠缺雞肉，但用上多種甚具香氣的食材，整體味道非常鹹香，很值得一試。

西Dor小貼Si

印象小鎮的經營模式比較特別，所有商戶均是由村民集資的公司來營運，所以今天來到你會見到某位阿姨負責某家商戶，明天再過來她有可能跑到另一家商戶去。另外這些阿姨們都是非常能言善道，當我走進鍋邊糍的商舖時，負責鍋邊糍的阿姨不知道跑到哪裏去了。於是我就走去問其他阿姨，結果驚動了整條村，所有阿姨都合力幫我去找那個阿姨出來。雖然最後還是暫時沒有找到（後來才發現原來那位阿姨去了剪頭髮），所以就由另外兩位本身是隔壁另外兩家店的阿姨，跑過來幫我煮鍋邊糍和糖心丸。由於這些阿姨都非常友善，也讓我對斗門這個地方留下深刻印象，怪不得這裏叫做「斗門印象小鎮」XD！

2024 年 8 月 OPEN

斗門招商花園城

址 白蕉路招商依雲華府花園三期 966 號

較世榮萬達廣場早 4 個月開幕的招商花園城，雖然面積較小，但仍是 2024 年珠海首個開幕的大型購物中心，商業面積約有 11 萬平方米。或許全靠招商多年來營運商場的實力，招商花園城開幕首日的出租率高達 95%，是近年珠海新商場中較少見的。

商場設有單次收費全日任玩的室內運動街區，採用開放式設計。一共有 A 至 E 五個獨立區域，每個區域沒有直接連通，需要穿過商場公共區域才能從一個區域到達另一個。

雖然對玩家來説比較不便，但對第一次光顧的人來説卻是好處！因為只要站在商場公共區域，便可以清楚看到每個區域大概多大，每項遊玩設施好不好玩，然後才決定是否付費遊玩。

主打多款酸菜魚及其變種，如菜脯魚、酸筍魚等。現時全國只有 4 家門店，招商花園城店是其於珠海的第二間分店。雖説是連鎖店，不過我發現每個城市的門店菜單及招牌菜品有些分別。

魚亨小鮮

址 4 樓

時 10:00~22:00

三寶菜脯魚（¥88）
這家門店其中一款較多人推介的招牌菜品是不辣的菜脯魚。魚肉很新鮮，也沒有過分調味，我覺得甚至比很多大型連鎖酸菜魚品牌更出色。

雖然缺少酸菜魚的各種香料，也完全不酸不辣，不過由於選用大大塊菜脯，本身自帶濃郁香氣，而且跟魚肉的鮮味也很搭配，所以味道不會比酸菜魚遜色。

神來之筆是那些肉碎及炸菜脯粒，令清淡的菜脯魚多添幾分惹味。

這裏設有自助前菜、水果、糖水、飲品及雪糕區，不過質素普通。

除萬達廣場及招商花園城，斗門尚有一大型商場，位處市中心井岸鎮，於 2018 開業，商業面積約 17 萬平方米的「大信・新都匯」。

商場最具特色是天台建有一座巨型摩天輪，可以俯 w 瞰商場旁邊的江景。不過價格不便宜，成人票為￥68。

天台另一端更有一座燃油的露天卡丁車場，馬力絕對比室內電動的更為強勁，更能享受風馳電掣的感覺！

2024 年 12 月 OPEN

斗門世榮萬達廣場

址 知行路與育德路交叉口西北 220 米

雖然斗門是珠海三個區之中發展得最慢的區域，但是由於可供發展的地方比較多，這裏有不少大型商場，其中最大的就是在 2024 年年底開業的斗門世榮萬達廣場。

由於商場夠大，因此有不少大型商戶。例如有設有 Cinity LED 影廳的戲院，還有單次收費全日任玩的室內運動街區。

這個商場更是 2024 年珠海開幕的商場之中最大的，現時只開放了室內商場，還有三分之一的戶外街區區域還沒完工。相信待整個商場完全開幕後，將會成為珠海最大商場之一。

品稻小館

址 3/F
時 11:30~14:00、17:30~21:00
費 ¥90 / 人

品稻是於斗門起家的連鎖閩粵融合菜品牌，現時在珠海有 7 家門店。其中斗門萬達店是本書截稿前的最新分店。

關哥稻香封肉（¥79）
封肉是源自閩南的特色菜，也是品稻最招牌的菜式，有點像換上偏鹹醬汁的巨型版東坡肉。

雖然是招牌菜，但可能是開幕不久的關係，我到訪當天吃到的並不算出色。肥豬肉很入味，也能輕易用筷子夾散，不過瘦肉部分質感一般。

醬汁味道較淡，香菇味較為突出，也充滿豬油香氣。如果很喜歡這個醬汁，千萬要記得把 6 塊上菜後才加進去的年糕吃光！口感煙韌彈牙，米香味甚濃，比主角封肉更好吃。

石烹牛肋條（¥89）
牛肋條已煮到幾近全熟，但仍然充滿肉汁；口感軟嫩，肉質有彈性。滾燙的石板也令牛肋條的表皮變得焦脆，是我在品稻吃過最好吃的菜品。

青芥香芒沙律蝦球（¥48）
尚未全熟的蝦球，既爽且嫩，配搭薄脆片，形成很有趣的口感。美中不足的是蝦球比較小，青芥末沙律醬下得有點多，蓋過了蝦的鮮味。

葱頭油火腿紫菜焗飯（¥48）
每一口都能吃到濃濃的葱頭油、火腿及紫菜香氣。由於以焗飯方式製作，所以米飯能做到顆粒分明，口感乾爽，不覺得油膩。

斗門特色餐廳

欵利麵家

址 中心路 55 號
時 10:30~16:00
費 ¥20 / 人

御溫泉東北面大約十分鐘車程的大赤坎村，是另一個以吃叉燒和排骨聞名的地方，不過大部分餐廳主力做遊客生意，所以我找了一家比較隱世、專做本地人生意的老舊小店來介紹。餐廳名字我一開始也不懂怎樣唸，後來請教老闆，他說其實是「款」字的異體字。

這裏的菜單非常簡潔，嚴格來說只有 8 道菜品，感覺上是一家專注做好每款美食的小店。

撈雲吞麵（¥10）

雖然只賣 ¥10，卻是超大一盆！麵條充滿蔥油香氣，麵質非常爽口，甚至說是我暫時吃過最爽口的麵也不為過！

老闆表示麵條是在店裏自家製作，而我也看到餐廳後方有個製作麵條的廚房，難怪口感如此驚為天人！

和內地常見的雲吞一樣，這裏的也是純肉雲吞，而且十分細小，一口一件。雲吞皮很滑，豬肉餡也很香，但可能由於麵條太過驚艷，雲吞就顯得相對普通。

叉燒拼排骨（¥65 / 斤）

話說這間餐廳是先用餐後結賬，下單時我叫老闆切一點點叉燒及排骨即可。由於這兩樣是稱重計價，但直到吃飽埋單一刻，老闆都沒有跟我說這一盤到底有多重，所以我也不清楚有沒有「計錯數」。

吃飽後跟老闆閒聊才知道，這裏的叉燒選用多個豬肉部位製作，因此可以滿足各種客人的喜好。即使我當天吃到的是比較瘦的部位，肉質仍很嫩滑，也有不少焦邊，碳烤風味十足，很不錯。

排骨口感相對遜色，沒有叉燒那麼嫩，但是肉香味更重。如果不追求嫩滑口感，我覺得排骨更好吃。另外這裏的叉燒醬也是零舍不同，甜鹹適中，豆豉味比較重，真的做到齒頰留香！難怪當天見到有不少熟客叫老闆多舀些醬用來拌麵吃呢！

犬禾咖啡

址 舊村一巷 51 號之一

時 10:30~17:30

斗門區內有不少稻田，假若在十月下旬禾稻剛剛完全成熟的時候來到斗門，很容易在路上就會看到一片片金黃色稻田。雖然我到訪斗門區時剛好過了收割時間，但在斜陽的映照下，依然能感受到濃濃秋意。

而斗門其中一個觀賞稻田的好地方，就在御溫泉東北面約 5 分鐘車程、開設在稻田旁的「犬禾民宿」。

民宿設有一家充滿溫馨格調的日式咖啡店。透過大玻璃窗凝望窗外的稻田，有點像走進動畫世界裏。

另外這裏是一間寵物友好的咖啡店，甚至有賣一款立體狗仔造型的拉花拿鐵。由於我黃昏起不能喝咖啡，所以就沒有品嚐了。

更佳的觀賞點其實是咖啡店的天台，可從俯瞰的角度飽覽稻田勝景，更能同時欣賞鹹蛋黃日落。

佬趙甜品

址 新民路 179 號
時 11:00~23:00
費 ￥19 / 人

井岸鎮是斗門區的市中心，這裏有很多斗門人從小吃到大的老字號，佬趙甜品是其中一家，現有多間分店。我來過兩次，每次都選非繁忙時間過來，店內常座無虛席，深受本地人歡迎。

正西洋渣渣
（￥9）
最主打的甜品，和香港常見的渣渣最大分別是加了煉奶而不是花奶，奶味更香濃，甜度也控制得剛剛好。

而且豆子都煮很夠爛，口感綿密，味道有 80 分。

最值得一讚的地方是非．常．足．料！我把匙子垂直插下去，竟然完全不倒！可想而知它有多足料，￥9 一碗非常划算。

老趙特色豬紅
（￥10）
這裏除了有賣甜品，更有各式小吃，最多人推介的是韭菜豬紅。豬紅超級嫩滑，和山水豆腐花差不多，口感近乎完美，只是有點鹹，一個人難以吃完，建議與朋友一同分享。

傳統糖水

址 環山中路 47 號 101
時 12:00~23:00
費 ¥29 / 人

雖然名為傳統糖水，裝修也十分簡樸，但最主打的卻是新潮的榴槤甜品。

榴槤糖水（¥30）
用上原顆榴槤肉，一大一小共兩顆，果核較小，十分足料！也是本書內介紹的各款榴槤甜品中榴槤分量最多的一款。

不過其餘配料較少，只有椰汁和桃膠，整體感覺和只吃榴槤肉分別不大，不像在吃糖水。

緊記糖水冰廳

址 中興南路江灣西一苑 10 棟 105 鋪
時 12:00~21:00
費 ¥33 / 人

一家近年新開，兼賣糖水的茶餐廳，走網紅的宣傳路線，更吸引香港電視台過來介紹。

生椰榴蓮斑斕膏（¥29）
除了榴蓮，亦有雲呢拿味雪糕、椰汁及大量班蘭啫喱。不過雪糕有較多碎冰。

有別於本書介紹的其他榴槤甜品，皆是直接使用原顆榴槤肉，緊記的則是以榴槤蓉製作。不過店家聲稱是用上 D24 榴槤，而我試過榴槤香氣的確比其他甜品店更濃厚。

底下的班蘭啫喱，班蘭味夠濃郁，也很不錯。

乾霧糍水

址 江灣中路 306 號
時 11:00~22:00
費 ¥23 / 人

除了最招牌的糍水，也有售賣多款斗門特色小吃，例如鹹角仔糍、葉仔糍、鹹湯丸等。不過由於菜品分量十分驚人，只可以試吃其中兩樣。

牛腩糍水（¥16）
據説以前斗門人會在新年、冬至等重要節日，製作糍水來接待客人，現在則成為斗門人日常簡單的午餐。

糍水的做法跟瀨粉差不多，都是以粘米粉製成。這家店的糍水有點像更煙韌彈牙的烏冬，口感滑溜，一試難忘。

牛腩夠軟，滷汁香料味很重，加上不少是帶筋膜或肥肉的部位，牛味香濃，説是我近期吃過最好吃的牛腩也不為過！如果不是切得太細小，口感會更滿足。

鹹角仔糍（¥13）
一份 6 個，外皮十分煙韌，像 Q 彈版的潮州粉果。

餡料非常豐富，有新鮮豬肉碎、臘肉碎、蝦米、馬蹄、紅蘿蔔蓉、芹菜粒、葱花等等。每樣食材的比例恰到好處，仍能細嚼出各自的味道，配搭得天衣無縫。

白藤頭水產批發市場

址 藤湖街 19 號
時 08:00~21:00

白藤頭可說是珠海最著名的海鮮批發市場，不少珠海本地人都向我推介它。而且我每次於繁忙時間到訪都發現，雖然市場面積頗大，仍然被本地人及慕名而來的遊客擠得水洩不通。

想來吃海鮮的話請留意，這裏跟珠海其他海鮮市場一樣，都需要先在市場自行選購海鮮，然後拿到附近餐廳加工。另外商戶大多沒有明碼實價，對吃海鮮的新手來說不太友好。而向我推介這裏的珠海人，均表示只會在這買海鮮回家自己煮。不過我發現網上對這裏的風評較好，或許正是人氣一直高企的原因。

入黑後，市場旁邊的空地會搖身一變成為小型夜市，大部分攤檔以燒烤及海鮮加工為主。

著者
西 DorSi

協力
LEO@YOLIVING

責任編輯
蘇慧怡

裝幀設計
鍾啟善

排版
辛紅梅、鍾啟善、楊詠雯

出版者
知出版社
香港北角英皇道 499 號北角工業大廈 20 樓
電話：2564 7511　　傳真：2565 5539
電郵：info@wanlibk.com
網址：http://www.wanlibk.com
http://www.facebook.com/wanlibk

發行者
香港聯合書刊物流有限公司
香港荃灣德士古道 220-248 號荃灣工業中心 16 樓
電話：2150 2100　　傳真：2407 3062
電郵：info@suplogistics.com.hk
網址：http://www.suplogistics.com.hk

承印者
美雅印刷製本有限公司
香港九龍觀塘榮業街 6 號海濱工業大廈 4 樓 A 室

出版日期
二〇二五年七月第一次印刷

規格
16 開（240 mm × 170 mm）

Published and printed in Hong Kong, China by Cognizance Publishing,
a division of Wan Li Book Company Limited.

ISBN 978-962-14-7582-4